A Handbook of Chinese Basic Forms Focused on Communication

插图漫画版

汉语交际黄金句型65

朱志平 伏学凤 李晟宇 编著

世界图书出版公司
北京·广州·上海·西安

图书在版编目(CIP)数据

汉语交际黄金句型65/朱志平　伏学凤　李晟宇 著．—北京：世界图书出版公司北京公司，2014.8

ISBN 978-7-5062-8745-6

Ⅰ.汉…　Ⅱ.①朱…②伏…③李…　Ⅲ.汉语—句型—对外汉语教学—教学参考资料　Ⅳ.H195.4

中国版本图书馆CIP数据核字(2008)第021500号

汉语交际黄金句型65

著　　者：朱志平　伏学凤　李晟宇
译　　者：刘卫红　李　娜
责任编辑：陈晓辉

出　　版：世界图书出版公司北京公司
发　　行：世界图书出版公司北京公司
（北京朝内大街137号　邮编：100010　电话：010—64077922）
销　　售：各地新华书店和外文书店
印　　刷：北京博图彩色印刷有限公司

开　　本：787×1092毫米　1/16　　**印张**：22.5
字　　数：439千字
版　　次：2008年12月第1版　　2014年8月第3次印刷

ISBN 978-7-5062-8745-6/H·1036　　**定价**：48.00元

使用说明

1. 本书的编写缘起

《汉语交际黄金句型 65》是北京师范大学汉语文化学院科研项目“话题与句型研究”的成果之一，作者都是汉语第二语言教学一线的教师。

进入 21 世纪以来，汉语第二语言教学迅速发展，随着学习者人数的急速攀升以及大量来自各种专业的教师进入汉语教学，教学一线的教师，特别是许多海外的汉语教师和刚刚走进汉语课堂的新教师都亟需一些可以直接用于日常教学设计的参考资料，广大汉语第二语言学习者也需要一定的可资自学的工具书。

作为汉语第二语言教师，我们在教学中常常发现如下问题：

比如，学习者在学习了某个语法形式以后往往不能确知在什么条件下使用，而且，由于教材课文所提供的语境有限，多数教师在短时间内也很难向学习者列举某个语法点更多的语用条件和使用情景。例如“你是学生吗”这样一个句子，既可以用于询问对方的身份，句中的“是”重读时也可以用于质询对方的身份。由于两种用法使用条件和难度不一，教材往往不会同时介绍这两种用法，当然也就很难要求教师不无遗漏地在同一堂课上去介绍它们，这就使学习者难于掌握。

再比如，学习者学习了某个语法点以后在使用时往往不能将其完整地再表达出来。比如他们可能倾向于说“我感兴趣这本书”而想不到说“我对这本书感兴趣”，这种偏误产生的原因一方面可以归之于有些学习者把“感兴趣”看做普通的及物动词，另一方面也说明，许多学习者不是把“对……感兴趣”作为一个相对完整的形式来学习的，加之汉语以单个汉字记词的特点，这种形式在句子或者语段中并不容易被学习者认知。

我们认为，上述这些问题是由几方面的原因造成的：

第一，汉语本身的特点所致。汉语缺乏形态，词语之间的关系松散，不同音节的词汇都用单个汉字来记录。这些特点使第二语言学习者面对汉语句子或语段的时候很难从中归纳出某个完整的语法形式。

第二，教材本身的局限性和课堂教学时间、空间的有限性所致。一本教材要根据教材本身的系统设计来呈现教学内容，不可能将某个语法形式的各种用法集中在同一课里介绍出来。一般来讲，课堂教学要对课文所涉及到的语言点加以说明，给出一定的适用条件和使用情景，但是由于一堂课短暂的时间以及课堂有限的语言环境，教师并不一定能将所有相关资料一次都介绍给学生。即便有可能，也会使教师备课的工作量大大增加。此外，还会无形中加大学生的学习压力，引起学习焦虑，导致语言教学的失败。

第三，第二语言教学的取向所致。作为应用语言学的一个领域，第二语言教学先后经历了侧重结构主义语言观和侧重功能主义语言观的不同时期，这形成语言教学在教学内容的设计上的两种取向：从注重以语言结构为中心走向注重以语言功能为中心。20 世纪 80 年代以来，这种走向也影响了汉语第二语言教学，表现在教学设计和教材编写从以结构为纲安排教学逐渐转向以功能为纲安排教学。事实上，一定的语言结构跟它的语义和语用功能是相关联的，语法结构及其语义在语言的使用过程中应当是相互协调、相互平衡的。在语言教学中只重视语言结构或只关注语义或语用都会造成学习者目的语学习的不平衡状态，这也是一些“化石化”现象产生的根源。由于矫枉过正，许多纯粹以功能为纲的汉语教材跟纯粹以结构为纲的教材一样，使用起来并不理想。

第四，结构、功能、语义三者之间的关系在教学应用领域的研究不成熟。现代汉语本体研究自 20 世纪 80 年代开始强调语法研究要注重“三个平面”，这说明语言理论界已经认识到，语言结构跟语言功能以及它们所能表达的语义是相互关联的，完全忽略语义、功能，或完全摒弃结构的做法都有可能导致语言研究的偏颇。不过，如何将这种理念贯彻到语言教学中还有待语言教学工作者作进一步的应用研究。

我们认为，在汉语第二语言教学中重视句型教学，以句型带动句法语义及其语用功能的教学可以在一定程度上解决上述问题。汉语缺乏形态，词语结构松散，如果以句型形式呈现给学习者就便于他们掌握。同时，句型如果跟它所承载的语义和语用功能关联起来一起呈现给学习者就有可能事半功倍。更进一步说，对于广大的教师和学习者，如果手头有一本这样的工具书，那么，教师在备课时就更容易做到心中有数，知道“教什么”，也能确定“怎样教”；学习者在自学时也就知道“学什么”和“怎样学”。

有感于现实的需求和自己作为第二语言教师的责任，我们决定结合我们所进行的科研项目来尝试编写这本工具书。《汉语交际黄金句型 65》就是这一尝试的结果。限于篇幅和研究水平，加上编写过程中也缺乏更多的可以借鉴的资料，这本小书尚不能涉及更多的汉语句型、语用功能及其使用情景，它只是把最基本的汉语语法结构以句型的方式，以功能为序，并以一定的情景为例呈现给广大读者。由于作者的学识和水平有限，本书一定存在不少错误和问题，恭请大家批评指正。

2.《汉语交际黄金句型65》句型的选择与句型语用功能的切分

（1）本书句型选择的范围

全书共纳入汉语最常用的基本句型65个。

在现代汉语句法研究中有这样几个概念：句子、句类、句型。“句了是前后都有停顿并且带着一定的句调表示相对完整的意义的语言形式”（朱德熙《语法讲义》，1982，P. 21）。一般来讲，“句类”是从功能对句子的分类，比如：陈述句、疑问句、祈使句、感叹句等等。“句型”是从句子结构入手对句子所作的分类，比如“……是……”。

从方便教师和学习者的角度出发，本书对句型的选择范围要宽泛一些，不但纳入了一些最基本的句型，也纳入了一些基础阶段会涉及的结构，比如“在……上”“对……感兴趣”之类。

（2）本书句型的层级划分

本书对句型的分类主要以结构为标记，由简到繁，依次排列，比如“……是……”作为句型1，“是……的”则为句型2，……，一直到句型65。

当基本句型有细节上的变化时，我们在原句型基础上作层次划分，比如基本句型1下可以有衍生句型1-1、1-2、1-3等，一级衍生句型下又可有衍生句型1-1-1、1-1-2、1-1-3等。依此类推。

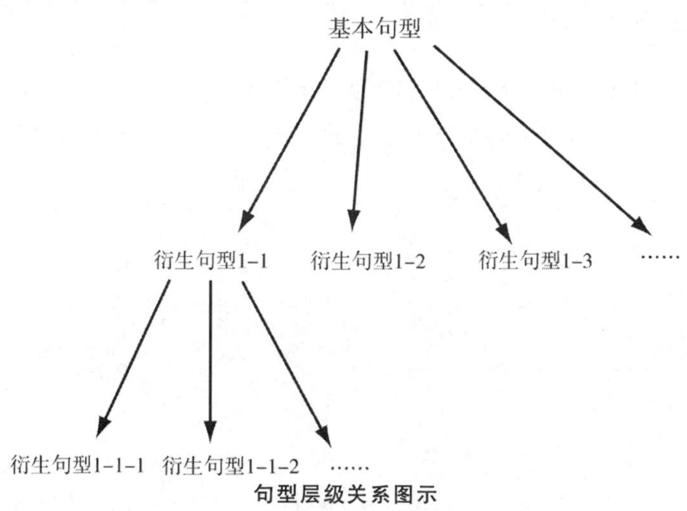

句型层级关系图示

（3）本书句型语用功能的切分

本书根据每个句型所表达的常用语义确定其在语用中的功能，当表达意义不同时确定为两个语义功能。比如"……是……"作为句型 1-1 共有八个语义功能：确认某个人、确认某人的身份、确认某人的来历、确认时间、确认某个地点、确认某种具体事物、确认某件事，等等。

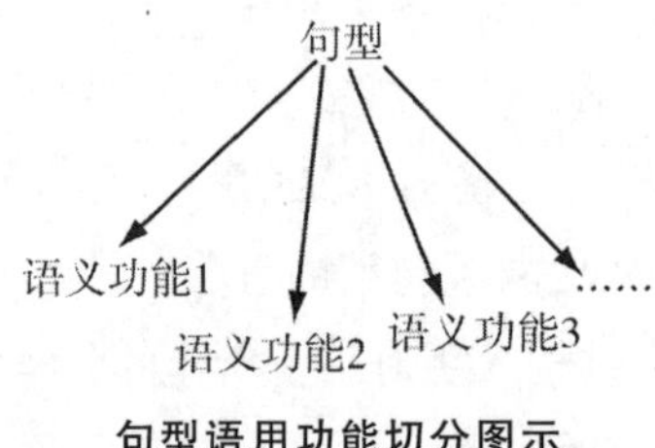

句型语用功能切分图示

3. 《汉语交际黄金句型65》句型的功能分类与编排原则

根据65个句型所表达的语义功能对全书句型的功能加以分类，并以功能为序编排句型，功能相近或者相关的句型编为一组，分别列举使用情景加以区别。

65个基本句型所表达的语义功能主要分为13个大类。表达：询问、猜测与验证、确认、叙述、描述、描写、否定、赞同(反对)、建议、评价、比较、强调、变化等。在每个语义功能大类之下再分列次一级的功能小类。例如，询问：1. 询问时间，2. 询问地点，3. 询问数量，4. 询问性状，……。每个功能小类之下列举使用情景1～3个。每个功能小类之后还设有"交际练习"，教师可以用于课堂教学，学习者也可以作为参照自己练习。

全书分为两部分，前一部分以功能为序介绍65个句型所能表达的不同功能；后一部分以句型为序介绍每个句型所能表达的主要功能，以供使用者检索。

Instruction

1. Reasons for writing this book

"A Handbook of Chinese Basic Forms Focused on Communication" is the outcome of the "Research on topics and sentence patterns" conducted by the College of Chinese Language and Culture, Beijing Normal University. The authors of the book are all teachers of Chinese as a second language in this college.

Since the 21st century, teaching Chinese as a second language has been developing rapidly. With the increasing number of Chinese language learners and new Chinese teachers of various academic backgrounds, there emerges a great need to introduce some references which may help both the teachers with their everyday classroom teaching and the second language learners with their own learning.

As Chinese teachers working in the field of second language teaching, we often come up with the following problems:

For example, some learners have trouble in using the taught grammatical forms in proper contexts. Due to the limited examples offered by the teaching materials, most teachers feel hard to explain certain language point in terms of its pragmatic usage in different contexts. For instance, "Are you a student?" (你是学生吗?) is usually used to ask someone's identity. However, when the stress is on "Are"("是"), the sentence is to question this person's identity. In view of the different difficulty levels and using conditions, most teaching materials do not introduce these two usages at the same time, which makes it unlikely for the teachers to teach them together in one lesson.

For another example, some learners have trouble in reproducing certain grammatical form after learning it. For instance, they may tend to say "我感兴趣这本书"(I interest this book) rather than "我对这本书感兴趣"(I am interested in this book). This may be

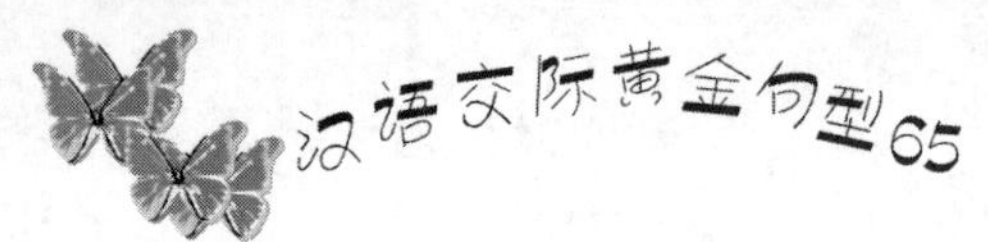

because some learners regard "感兴趣"as a simple transitive verb. In addition, this may result from the fact that many learners fail to study the phrase "对……感兴趣"as an integral structure. It is known that Chinese is characterized by individual characters, hence the difficulties for learners to notice such grammatical forms from sentences or passages.

The above mentioned issues can be explained by the following reasons:

First, Chinese language has its unique features in terms of morphology. In view of the incompact structure of words in this language, it may be hard for second language learners to find out an integral grammatical form from Chinese discourse.

Second, both classroom teaching and the teaching material itself have their limitations. A teaching material usually arranges its contents with a systematic design, and therefore is unlikely to exhaust the usages of a certain grammatical form in one unit. Generally, the teacher is supposed to explain any language point involved in the lesson and exemplify its usages in different contexts. However, owing to the limited time and language environment in class, the teacher may not be able to provide students with all relevant information. Even if possible, this requirement will largely increase the teacher's workload. Moreover, this will increase students' pressure and language anxiety as well, which may lead to unsuccessful teaching in the end.

Third, second language teaching has different focus. In the field of applied linguistics, second language teaching has experienced different developmental periods in which the structural perspective of language and the functional perspective of language plays a dominant role one after another. Accordingly, these two perspectives lead to different focus in the language curriculum design. That is to say, language teaching moves its focus from the language structure to the language function. Since the 1980s, this move has begun to influence the teaching of Chinese as a second language as well, turning the structure—based teaching design to the function—based one. Actually, a certain language structure has close relationship with its semantic meaning and pragmatic function. Focusing only on one of the above three aspects may result in unbalanced target language learning, which is also the cause of fossilization. Due to some hypercorrection, many function—based Chinese teaching materials are no better than structure—based ones in terms of their practical utility.

Four, insufficient research on the structure—function—meaning relationship has been done in the area of applied language teaching. Since the 1980s, the study on Chinese language has begun to emphasize in combining meaning and usage with

grammar. This indicates that theoretical linguists have been aware of the interrelationship of language structure and its pragmatic function and semantic meaning. However, how to apply such conception to the teaching practice will expect language teachers to conduct further applied research.

Therefore, we suggest that focusing more on sentence patterns in teaching Chinese as a second language may solve, to some extent, the above—mentioned problems, because teaching sentence patterns is likely to direct students' attention to the related syntactic features, semantic meanings and pragmatic functions at the same time. Bearing this in mind, the teachers may be more certain of "how to teach" and "what to teach"; and the learners may be more aware of "what to learn" and "how to learn".

In response to the realistic need and our responsibilities as second language teachers, we attempted to compile this handbook, based on our related research project. Owing to the limit of book length and our research level, as well as the insufficient references, this handbook only presents the most basic Chinese grammatical structures in the form of sentence patterns, sequenced by functions and exemplified in certain scenes. Despite its value, we believe that there still is room for further improvement in this book. Therefore, we sincerely welcome the readers' comments and advice on any aspect.

2. The selection of sentence patterns and the categorization of their semantic functions

(1) The selection of sentence patterns

This book contains 65 sentence patterns that are most often used in Chinese.

In modern Chinese, the research on syntax concerns the following key concepts: sentence, sentence category, and sentence pattern. Sentence is a language form which is syntactically independent, has certain intonation, and presents a relatively complete meaning (朱德熙《语法讲义》, 1982, P. 21). Sentence category is the categorization of sentences according to their functions, for example, declarative sentence, interrogative sentence, imperative sentence, exclamatory sentence. Sentence pattern is the categorization of sentences according to their structures, for example, "…is…"(……是……).

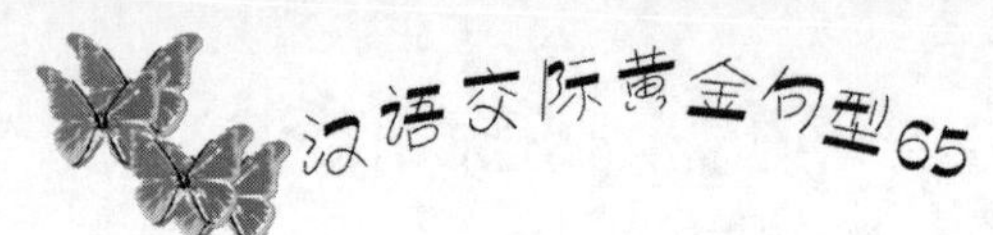

In order to make the book convenient for teachers and learners to use, we not only selected the basic sentence patterns, but also involved a few useful language structures such as "在……上" and "对……感兴趣". In other words, the scope of our selection of the sentence patterns is fairly extensive.

(2) The categorization of sentence structures

The selected sentence patterns in this book are categorized mainly by structure, from the easiest to the most complex. For example, "……是……" is Pattern 1, "是……的" is Pattern 2, and so on.

When there are some minor changes on the same structure, we make further classification. For example, "谁(哪儿、什么)是……" is the derived pattern of "……是……", named Pattern 1-1. Accordingly, "……是……"is pattern 1"谁是……" and "什么是……"are Pattern 1-1-1 and 1-1-2 respectively. (See the figure below)

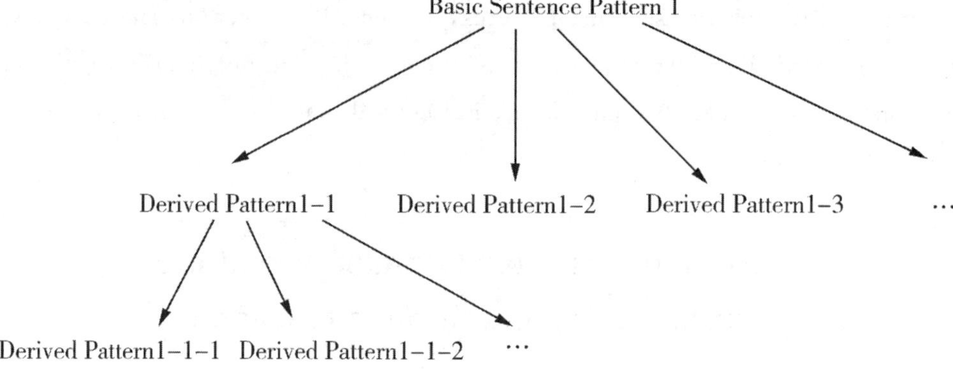

(3) The categorization of the semantic functions of sentence patterns

As regards the individual sentence pattern, we identify its semantic functions according to the different purposes it embodies. For example, Pattern 1-1"……是……" has eight semantic functions: confirming somebody, confirming someone's identity, confirming time, place, and so on. (See the figure below.)

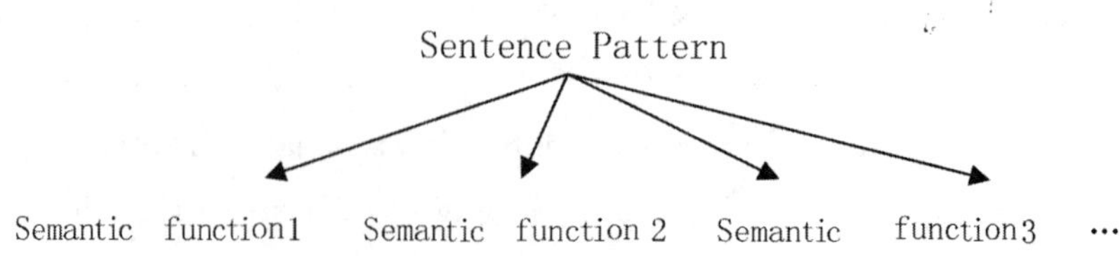

3. The categorization and arrangement of the semantic functions

The semantic functions of all the 65 sentence patterns are grouped according to their relevance, with each group being illustrated with examples in different scenes.

In general, there are 13 groups of semantic functions presented by the 65 basic sentence patterns—enquiring, guessing, confirming, narrating, describing, depicting, negating, agreeing and disagreeing, suggesting, evaluating, comparing and contrasting, emphasizing, and changing. Within every group, there are further classifications according to the contents. For example, "enquiring": 1. enquiring time, 2. enquiring place, 3. enquiring amount, 4. enquiring state, etc. Following the illustration and examples, there are communicative practices that can be carried out both inside and outside the class.

The book has two parts. The former one goes in the sequence of functions, and the latter one in the sequence of sentence patterns.

目　录

询　问

询问的内容包括很多方面，比如：问时间、问地点、问数量、问性状、问原因、问意见、问感觉（感受）、问行为动作是否会发生、问动作涉及的对象、问动作进行的方式、问动作的主体或物品所属、问具有某种特点的人或物、问某处有何物等等。

询问内容与询问方式是交叉对应的，有时，同样的询问内容可以用不同的方式表达、同一个询问方式也常常可以表达不同的询问内容，但是，根据交际场景的不同，总会有一种最合适的询问方式对应具体的询问内容。现在分别介绍如下：

Inquiring

In Chinese language there are many sentence patterns used for making an inquiry. You can make an inquiry about various topics such as time，place，reason，number or amount，one's opinion or possession of something，the state or properties of things，or an action as well as its actor，object or manner，etc.

The functions of these patterns overlap sometimes，which means you can make the same inquiry in different ways by using different patterns，or use the same pattern of inquiring to inquire about different things. But in a certain context there is always one way more appropriate than others.

一、询问时间

询问时间时，可以考虑选用以下句型：

句型 9－1：几点（号、月）

句型 26：……哪年（个月、个星期、天）

句型 9－1：

◈几点（号、月）

用于询问具体时间，比如现在的时间，或者某件事发生的时间。问钟点、日期时，说“几点”、“几号”、“几月”；问“星期”时，说“星期几”。句中一般没有动词，有时用“是”可以加强语气。

This pattern is to ask about an exact time, for example, the time at the moment or the time of an occurrence. “几点”、“几号”、“几月” are used respectively for the inquiry about the hour, date and month, and “星期几” for the day of the week. Usually there is no verb in the sentence, and “是” is sometimes used for emphasis.

如：

A：现在几点？

B：7 点 10 分。

又如：

❶（在邮局，顾客问营业员）

A：今天几号？

B：12 号。

❷（在超市，顾客问服务员）

A：星期几鸡蛋最便宜？

B：星期二。

句型 26:

◈……哪年(个月、个星期、天)

用于表示在一定范围内对时间的选择,询问具体的年、月、日或星期。其中,1.“哪年(个月、个星期、天)”前可以是表示人、机构等的名词词语,问某人(机构)在什么时间要做什么,如“我们哪天去故宫?”;2. 这个句型可以表示被动义,这时“哪年(个月、个星期、天)”前是表示人、事物等的名词词语,如“这座桥是哪年建造的?”;3.“哪年(个月、个星期、天)”前是表示特殊日子的名词词语,如生日、节日,这时句型是“……是哪天(哪个月、哪个星期、哪年)”或者“……在哪天(哪个月、哪个星期、哪年)”,用来问这个特殊日子的时间;4. 如果是问已经发生的事情,这个句型常常跟“是……的”句型一起用,如下例。

This pattern is to ask about the exact year, month, date or week. It can be used in the following four situations: 1. When a N/NP referring to a person or an organisation is used before“哪年(个月、个星期、天)”, it asks when someone is going to do something. For example, you can say “我们哪天去故宫?” (On which day shall we go to the Palace Museum?). 2. When a N/NP referring to a person or a thing is used before“哪年(个月、个星期、天)”, it implies the use of passive voice. For example, “这座桥是哪年建造的?”(In which year was the bridge built?). 3. When a N/NP referring to a special day like one's birthday or a festival is used before“哪年(个月、个星期、天)”, the pattern is used to ask when the day falls. For example, “……是哪天(哪个月、哪个星期、哪年)” or “……在哪天(哪个月、哪个星期、哪年)”. 4. When asked about a past event, this pattern is usually used together with the pattern “是……的” as in the example below.

如:

A:这座桥是哪年建造的?

B:这座桥是 1672 年建造的。

又如：

❶（酒会上，一男一女刚认识，男问女）

A：你的生日在哪个月?

B：我的生日在10月。

❷（在旅行社，职员问顾客）

A：您要哪天的机票?

B：我要6月19号的机票。

☞交际练习

1. 询问

（1）制作一个钟表，随便拨动指针，问他人时间。

（2）出示日历，随便翻页，问他人日期。

（3）准备课程表，问他人某门功课是星期几上课，什么时间上课。

2. 准备纸条，两人一组，抽取写有不同场景的纸条，自编对话或表演

（1）打电话，讨论给共同的朋友过生日，询问并回答具体的日期、星期几、几点。

（2）两人计划一起去旅游，对着地图讨论行程的安排。

（3）互相介绍假期的计划。

3. 采访他人，并汇报

（1）报告你最熟悉的五个人的生日。

（2）报告最近五场电影或者音乐会、球赛等活动的具体时间。

（3）报告附近三所学校计划举办运动会或舞会等学生集体活动的时间。

二、询问地点

询问地点时，可以考虑选用以下句型：

句型 16－1：……**在哪里（哪儿）**

句型 16－2：……verb＋**哪里（哪儿）**

句型 16－3：……verb＋**在哪里（哪儿）**

句型 16－4：**哪里（哪儿）**……

句型 17：……**从哪里（哪儿）来**

……**到哪里（哪儿）去**

句型 25：……**呢**

句型 16－1：

◇……在哪里（哪儿）

用于询问人、事物在什么地方，或者问某个地点的位置。可以问人、事物、地方等在什么地方。“在哪里（哪儿）”前面常常是表示人或事物的名词或代词。口语中常用“哪儿”代替“哪里”。

This pattern is to ask about the location of a person，an object，or a place. A noun or pronoun referring to someone or something is usually used before“在哪里（哪儿）”. In colloquial Chinese “哪儿”is often used instead of“哪里”.

如：

A：请问卫生间在哪里（哪儿）？

B：在左边。

又如：

❶（走廊里，一个人找李力，问另一个人）

A：李力在哪里（哪儿）？

B：他在办公室。

❷（在公司的走廊上，一个人问一名员工）

A：经理的办公室在哪里（哪儿）？

B：在前边。

句型 16－2：

◈……verb＋**哪里（哪儿）**

用于询问行为、动作的目的地。“verb＋哪里（哪儿）”前是人，verb 是“去、到”等，“哪儿（哪里）”是地方。

This pattern is to ask about the destination. A noun or personal pronoun is used before “verb＋哪里（哪儿）”, the verb here refers to those verbs like “去、到”, and “哪儿（哪里）” means a place.

如：

A：请问，您去哪儿？

B：飞机场。

又如：

❶（在家里，两个孩子正在走向家门外，妈妈问）

A：你们去哪儿？

B：我们去商店。

❷（在一个会议室门外的走廊里，两个人走过来，边走边谈话）

A：我们去哪里（哪儿）？

B：去会议室。

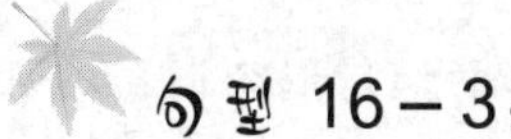

句型 16－3：

……verb＋在哪里（哪儿）

用于询问行为、动作的目的地或行为、动作发生的地方。其中，verb 常常是“放、住”等动词。verb 前一般是表示人或物的名词、代词词语，有时候行为、动作是该人或物发出的，如下面的例 1；有时候行为、动作不是 verb 前的人或物发出的，这时行为、动作常常支配该人或该物，如下面的例 2。

This pattern is used to ask about the destination or spot of an action. The verb here refers to those like “放、住”. A noun or personal pronoun is usually used before the verb. It is either the subject of the action as in Example 1, or the object as in Example 2.

如：

A：这个箱子放在哪里（哪儿）？

B：放在床边。

又如：

❶（在一个大会议室，坐着几个人，正要开会，两个人刚进来，其中一个人悄声问另一个人）

A：我们坐在哪里（哪儿）？

B：我们坐在这里吧。

❷（几个人正在把家具等搬进房间，其中一个问主人）

A：电视机摆在哪里（哪儿）？

B：摆在这儿。

句型 16－4：

◈哪里（哪儿）……

用于询问、寻找具有某种特征的地方。“哪儿（哪里）”后边是形容词、动词等词语，说明“哪”的特点。

This pattern is to ask about or look for a certain place. “哪儿（哪里）” is followed by an adjective or verb specifying the feature of “哪”.

如：

A：哪里（哪儿）有这种书？

B：前边的那个书架上有。

又如：

❶（在街上，两个朋友边散步边聊天）

A：在这个城市里哪里（哪儿）最好玩？

B：中央公园最好玩。

❷（在饭馆，两个朋友边吃饭边聊天）

A：哪里（哪儿）的烤鸭最好吃？

B：北京的烤鸭最好吃。

句型 17：

◈……从哪里（哪儿）来

……到哪里（哪儿）去

用于询问人或事物的来源或去向。其中，“从”或“到”之前常常是表示人或事物的名词或代词等词语。

This pattern is to ask where someone or something comes from or goes to. A noun or pronoun referring to someone or something is usually used before“从”or“到”.

如：

A：这趟车从哪里（哪儿）来?

B：从北京来。

又如：

❶（火车上，两个旅客在聊天）

A：你从哪里（哪儿）来?

B：我从南方来。

❷（在学校的校园里，一个中国学生问一个留学生）

A：你从哪里（哪儿）来?

B：我从美国来。

句型 25：

◈……呢

该句型可用于询问某人或某物存在的地点。“呢”前常常是表示人或物的名词或代词。

This pattern is to ask where someone or something is. A noun or personal pronoun is usually used before “呢”.

如：

A：我的帽子呢？

B：在衣架上。

又如：

❶（老师问学生）

A：李明呢？

B：他去图书馆了。

❷（幼儿园园长问老师）

A：孩子们呢？

B：在院子里玩。

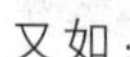

交际练习

（这个部分既可以提供教师课堂使用，也可以提供给学习者作为交际练习使用）

1. 问答

（1）准备一张世界地图，问他人某个国家的位置。

（2）准备几张火车票，问他人火车是从哪儿发车的。

（3）准备一张课程表，问他人某门功课每天是在哪个教室上课。

2. 小组活动或课堂游戏

（1）全班同学依次询问自己的同桌住在哪儿，然后依次告诉大家。

（2）三人或四人一组，互换一件小物品并藏起来，然后大家互相询问自己的东西被放在哪儿了，各自找到它。

（3）全班同学依次询问自己旁边的同学是从哪儿来的，然后请大家迅速找到和自己来自同一个地方的同学并站在一起，最后看谁站错了队伍。

3. 课外活动或作业

（1）随意采访几个人，询问他们最想去哪儿度假，记录并汇报。

（2）询问自己的同学住在哪儿，制作一张通讯录。

（3）几个朋友在一起互相询问彼此的旅行经历，都去了哪儿。

三、询问数量

询问数量时，可以考虑选用以下句型：

句型 9－2：**几＋名量词**（＋noun）

句型 9－3：**几＋动量词**

句型 10－1：（verb＋）**多少＋名量词**（＋noun）

（verb＋）**多少**（**＋名量词**）＋noun

句型 10－2：（verb＋）**多少＋动量词**（＋noun）

句型 21：……**多少**……

句型 9－2：

◇几＋名量词（＋noun）

该句型有两个语义功能，其中，语义功能 1 可以用于询问人、事物的数量。名量词一般是“个”“只”“条”“本”这样的词语。（语义功能 2 用于询问时间长短，详见下。）

This pattern has two semantic functions. One is to ask about the number or amount of people or things. Here a noun measure word such as “个、只、条、本” is needed between “几” and the noun. (Details for Function 2, see below.)

如：

A：请问您有几位客人？

B：八位。

又如：

❶（在校园里，中国学生问外国留学生）

A：你家有几口人？

B：我家有五口人。

❷（在书店，两个朋友在买书）

A：你买了几本书？

B：我买了三本。

句型 9－2 语义功能 2 可以用于询问时间长短。表述为“几＋分钟（小时、天、星期、月、年）”等。

The other semantic function of this pattern is to ask about the duration of time, as used in “几＋分钟（小时、天、星期、月、年）”.

如：

A：你来这里几年了？

B：我来这里一年半了。

又如：

❶（妈妈问孩子）

A：一个星期有几天？

B：一个星期有七天。

❷（在办公室，一个员工在看日历，另一个员工问）

A：这个月有几天？

B：这个月有 31 天。

句型 9－3：

◇几＋动量词

用于询问动作、行为的次数。其中，动量词是“次”“遍”“回”“趟”“下儿”等，“几＋动量词”常在动词后边做补语：verb＋几＋动量词。

This pattern is used to ask about the times of an action by using verb measure words such as “次、遍、回、趟、下儿”. This pattern is often used after verbs as complement, i. e. “verb＋几＋动量词”.

如：

A：你跑了几圈？

B：三圈。

又如：

❶（在教室，老师问一名学生）

A：你读了几遍课文？

B：我读了两遍课文。

❷（在长城上，两个游客聊天）

A：你来过几次长城？

B：我来过三次。

句型 10－1：

◈（verb＋）多少＋名量词（＋noun）

（verb＋）多少（＋名量词）＋noun

用于询问事物、时间的数量。其中，noun 有时候可以不用，如“多少本（书）”“多少杯（酒）”等；问时间时，一般直接使用时间名词，如“多少天”“多少年”“多少分钟”“多少小时”等；名量词有时候也可以不用，如“多少书”“多少水”“多少苹果”。

This pattern is to ask about the amount of time or things. When asking about the amount, the noun can be omitted, as in “多少本（书）”, “多少杯（酒）”. Sometimes the noun measure word can be omitted too, as in “多少书”, “多少水”, “多少苹果”. When asking about time, the time phrase can be put right after “多少” without having any measure word in between, for example, “多少天”, “多少年”, “多少分钟”, “多少小时”.

如：

A：先生，请问您住多少天？
B：10天。

又如：

❶（在书店门口，两个人聊天）

A：你买了多少本书？
B：我买了七本（书）。

❷（两个学生在教室门口聊天）

A：我们班有多少人？
B：我们班有25个人。

句型 10－2：

（verb＋）多少＋动量词（＋noun）

用于询问动作发生的次数，前边常有动词，动量词一般是“次”“遍”“趟”等。

This pattern is to ask about the times of an action. The verb measure word here refers to those words like “次”，“遍”，“趟”，etc.

如：

A：你去过多少次上海？

B：我曾经去过三次。

又如：

❶（在听力教室，教师问学生）

A：你们听了多少遍课文？

B：我们听了三遍课文。

❷（冰激凌店，一个买冰激凌的小女孩，一个店员问另一个）

A：这个女孩儿今天来过多少趟？

B：她来过四趟了。

句型 21：

……多少……

可以用于询问数量。“多少”前一般是表示时间、地方、物品等的名词词语。有时候，“多少”也用在动词后，如“买多少斤？”用来问价钱时，常说“……多少钱？”

This pattern is to ask about the number or amount. What's before “多少” is usually a N/NP of time, place, or things, and sometimes can be a verb as in “买多少斤？” When asking about price, we often say “……多少钱？”

如：

A：这件衣服多少钱？

B：160 元。

又如：

❶（在自由市场，一个顾客问摊主菜价）

A：白菜多少钱一斤？

B：一块钱一斤。

❷（在教室门前，两个教师在谈话）

A：这个教室可以坐多少学生？

B：可以坐18个。

交际练习

（这个部分既可以提供教师课堂使用，也可以提供给学习者作为交际练习使用）

1. 问答

（1）拿一本书问他人有多少页。

（2）问一个学生每星期上多少节课。

（3）问一个学生家里有几口人。

2. 小组活动或课堂游戏

（1）一分钟内比赛写汉字，然后互相询问各自写了多少个汉字，找出写得最多的人。

（2）四人一组，各自写下自己的汉语名字并数数一共有多少笔画，互相询问并找出笔画最多的名字。

（3）拿出一件物品，请大家猜猜多少钱，最后公布物品的实际价格，看看谁猜的价钱最接近。

3. 课外活动或作业

（1）询问并统计几个班级的人数，各班有多少个男生，多少个女生。

（2）询问五位学习汉语的同学，看看他们每天学习多长时间的汉语。

（3）到附近市场询问五种水果的价钱，记录并汇报。

四、询问性状

询问人或事物的特点、性质、状态、情况等时，可以考虑选用以下句型：

句型 12－2：……verb＋**什么**……

句型 20：……**多＋大（高、远……）**

句型 22－2：adj. **不** adj.

句型 23：NP_1……，NP_2 **呢**

句型 28：……**怎么样**

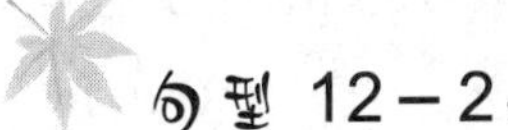

句型 12－2：

……verb＋**什么**……

可以用于询问动作、行为的对象是什么样的，有什么特点。verb 之前和“什么”之后都是名词词语。“什么……”是问事物的样子、种类、特点等。

This pattern is to ask about the features of the object of an action. Ns/NPs are put both before the verb and after “什么”. “什么……” is used to ask about the varieties or characteristics of something.

如：

A：你喝什么酒？

B：我喝啤酒。

又如：

1（一个人走进书店，营业员问）

A：您想买什么书？

B：我想买汉语词典。

❷（在茶馆，服务员问坐在桌子边的顾客）

A：请问您喝什么茶？

B：我喝绿茶。

句型 20：

◈……多＋大（高、远……）

可以用于询问事物的体积、长度、面积、高度、距离以及人的年龄等。“多”后面一般是“大”“高”“远”“长”“重”等一类形容词。

This pattern is to ask about the volume, length, area, height, or distance of something as well as the age of someone. “多” is usually followed by such adjectives as “大、高、远、长、重”.

如：

A：到海滩多远？

B：差不多 1 公里。

又如：

❶（两个人在看篮球比赛，一个问）

A：那个运动员多高？

B：2 米 15。

❷（在儿童乐园，一个女人抱着孩子，另一个女人问）

A：你的孩子多大？

B：两岁半。

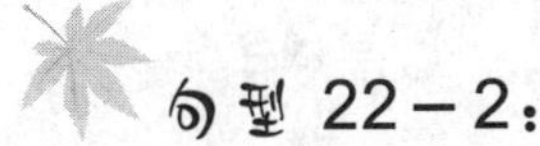

句型 22－2：

◈ adj. 不 adj.

可以用于询问人、事、物的性质、特点、状态。“adj. 不 adj.”里的两个“adj.”一般是同样的词语。

This pattern is to ask about the properties, feature or state of a person, thing or object. The two adjectives in “adj. 不 adj.” are usually the same word.

如：

A：你的女朋友漂亮不漂亮？个子高不高？

B：她很漂亮，但是个子不高。

又如：

❶（给朋友打电话，问天气）

A：你那儿的夏天热不热？

B：很热，我必须要开空调。你那边的天气好不好？

A：不太好，最近总是下雨。

❷（两个学生谈话，问对方体会）

A：汉语难不难？

B：我觉得汉语不太难，可是汉字很难。

句型 23：

◈ NP_1……，NP_2 呢

可以用于就同一件事，问对方情况。 NP_1 一般是"NP_1……"里的主语，NP_2 多数是"你"。 "NP_1……"说明 NP_1 的情况，"NP_2 呢"问在同一情况下，NP_2 怎么样。

This pattern is made up of two parts. The part "NP_1……" introduces some information about NP_1 and "NP_2 呢" asks what NP_2 is like in comparison to NP_1 in the same aspect. While NP_1 is usually the subject of "NP_1……", NP_2 is often "你".

如：

A：你累不累?

B：我很累，你呢?

A：我也有点儿累。

又如：

❶（两个朋友打电话）

A：纽约现在很热，北京呢?

B：北京不冷不热，很舒服。

❷（新班级第一次上课，同学间介绍姓名、年龄、喜好）

A：我叫王小明，你呢?

B：我叫大卫。

❸（聚会上，陌生人之间介绍身份）

A：你好。 我是大卫的汉语老师，你呢?

B：我是大卫的中学同学，认识你很高兴。

句型 28：

◇……怎么样

该句型有三个语义功能，其中语义功能 1 用于询问一个人或一件事的情况。“怎么样”之前一般是名词词语。

This pattern is to ask about the circumstance or situation of someone or something. A VP, clause or NP is usually used before “怎么样”.

如：

A：老师，我的成绩怎么样？

B：很不错，九十多分呢。

又如：

❶（一个人看窗外，另一个人在屋里问）

A：今天天气怎么样？

B：今天天气不太好，好像要下雨了。

❷（儿子给父亲打电话）

A：最近，您和妈妈的身体怎么样？

B：我们都很好，你也要注意身体。

A：我会照顾自己的，您别担心。

交际练习

（这个部分既可以提供教师课堂使用，也可以提供给学习者作为交际练习使用）

1. 问答

（1）问他人喜欢喝什么茶或什么果汁。

（2）问他人身高。

（3）问他人生活的国家或地区天气怎么样。

2. 小组活动或课堂游戏

（1）依次询问自己旁边的同学的年龄，找出班上年龄最小和最大的同学。

（2）准备一些写有不同水果名称的卡片，随意抽取并问他人某种水果的味道怎么样。

（3）四人一组，互相询问各自住的地方离学校有多远，找出住得最远的同学。

3. 课外活动或作业

（1）询问几个外国朋友，他们的国家面积分别有多大。

（2）与朋友一起相互询问和介绍各自国家一年四季的天气怎么样。

（3）找五位学习汉语的朋友、同学或汉语老师，打电话问他们最近身体怎么样。

五、询问原因

询问原因时，可以考虑选用以下句型：

句型 29：**……怎么（……）了**

句型 30：**（……）怎么……**

句型 31：**……为什么……**

为什么……

……，为什么

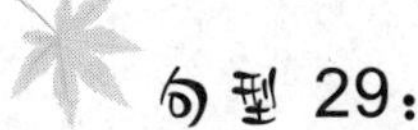

句型 29:

◈……怎么(……)了

可以用于在发现某人或某事有异常变化时，询问产生变化的原因。“怎么”前是人、地方等名词词语，“怎么”后可以是动词或形容词。“……怎么了？”问某人、某物或某处发生了、出现了什么事情、问题。在“……怎么……了？”中，“怎么”后可以是动词，问某人为什么做某事，“怎么”后也可以是形容词，问某人、某物或某处为什么会有某种性状。

This pattern is to ask about the reason when someone or something is found to have some unexpected changes. What's before “怎么” is a N/NP indicating a person or a place; what's after “怎么” can be a verb or an adjective. “……怎么了？” asks about what happens to someone/something or what happens in a place. In “……怎么……了？”, what follows “怎么” can either be a verb asking why somebody does something, or be an adjective asking why somebody, something or some place takes on a certain state.

如：

A：你怎么了？

B：我的头很疼。

又如：

❶（一个女孩问另一个女孩）

A：你怎么哭了？

B：我跟男朋友分手了。

❷（办公室，一个人问另一个人）

A：你帮我看看，我的电脑怎么坏了？

B：一定是有病毒。

句型 30：

(……) 怎么……

该句型有两个语义功能，其中语义功能 2 可以用于在发现某事出现异常情况以后，询问该异常情况发生的原因。其中，“怎么”前是动作的发出者，常常是表示人的名词词语。“怎么”后有时有表示行为、动作或状态的词语。

This pattern is to ask for an explanation of an unexpected circumstance of someone or something. Usually a N/NP is used before “怎么” indicating the subject of an action and a V/VP is used after it indicating the action.

如：

A：房间里怎么这么热，你没有开空调吗？

B：空调坏了。

又如：

❶（一个人拿东西回来，屋里人问）

A：你怎么买这么多东西？

B：今天晚上我们要开生日晚会。

❷（一个人问大楼里的服务员）

A：请问，厕所在哪儿？

B：对不起，这座楼里没有厕所。

A：这么漂亮的大楼怎么没有厕所。

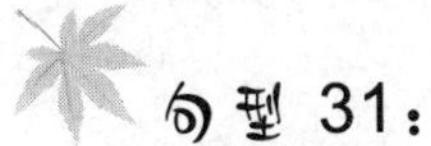

句型31：

◇……为什么……

为什么……

……，为什么

可以用于询问产生某种现状的原因。“为什么”前一般是名词词语，“为什么”后可以是动词词语，或是一个小句子。如果句子很长，可以把“为什么”放在最后，用逗号隔开。

This pattern is to ask about the reason of a state or situation. What's before “为什么” is usually a N/NP and what's after is a V/VP or a clause. If it is a long sentence, “为什么” can be put at the end and separated from the sentence by a comma.

如：

A：你为什么迟到了？

B：对不起，老师，因为堵车。

又如：

❶（经理问职员）

A：为什么小李这几天总是迟到？

B：他太太病了，他要送孩子上学。

❷（电影院）

A：电影马上开始了，他还没来，为什么？

B：他要等女朋友化妆，可能要晚一点儿到。

☞交际练习

（这个部分既可以提供给教师课堂使用，也可以提供给学习者作为交际练习使用）

1. 问答

（1）问一个学生为什么某位同学没来上课。

（2）问他人为什么没有吃早饭。

（3）问他人为什么早上常常堵车。

2. 准备一些简单场景写在纸条上，让学生抽纸条根据场景表演对话

（1）一个人捂着肚子，看起来很痛苦，朋友走过去。

（2）一个女的站在电影院门口，男朋友匆匆忙忙跑过去。

（3）一个人在修理自行车，朋友从旁边经过。

3. 课外活动或作业

（1）调查询问大学生上课迟到的原因。

（2）到超市门口采访几位大量购物的顾客，问他们为什么一次买这么多东西。

（3）到小餐厅采访几位买早点的顾客，问他们为什么不在家里吃早饭。

六、询问意见

询问对方对某件事的意见时，可以考虑选用以下句型：

句型 28：**……怎么样**

句型 33：**……还是……**

句型 28：

……怎么样

该句型有三个语义功能，其中，语义功能 2 可以用于提出自己的观点后询问别人的意见、看法。“怎么样”前是动词词语、小句子或名词词语。

This pattern is to ask other's opinions after one expresses his own. A VP, NP or a clause can be used before “怎么样”.

如：

A：我穿这件衣服去参加舞会怎么样？

B：好极了，非常漂亮。

又如：

❶（餐馆吃饭）

A：我们点一个辣子鸡丁怎么样？

B：我同意。

❷（服装店，顾客拿着一件衣服问老板）

A：这件衣服多少钱？

B：350 块。

A：太贵了，200 块怎么样？

句型 33：

……还是……

该句型有三个语义功能，其中，语义功能 1 可以用于在给对方提供选择对象后征求对方的意见。“还是”前常常是一个小句子或动词词组；“还是”后常常是名词词语或动词词语。问选择，这种选择对象可能是动作，也可能是一种判断，回答时不用“还是”。

This pattern asks the listener to make a choice among the given suggestions. A clause or a VP is usually used before “还是”, and a NP or VP is used after it. In this pattern the listener is asked to choose between two actions or judgments. “还是” is not used in reply.

如：

A：你吃饺子还是吃包子？

B：我吃饺子。

又如：

❶（在餐馆，服务员问顾客）

A：请问您要花茶还是绿茶？

B：来一壶菊花茶吧。

❷（在服装店买衣服）

A：你喜欢黑色还是红色？

B：我更喜欢红色。

☞交际练习

（这个部分既可以提供教师课堂使用，也可以提供给学习者作为交际练习使用）

1. 问答

（1）问他人喜欢喝茶还是咖啡。

（2）问他人自己戴红色的帽子怎么样。

（3）问他人是否想去看电影。

2. 准备一些简单场景写在纸条上，让学生抽纸条根据场景表演对话

（1）在商店看到一件200元的上衣很喜欢，想和店主还价。

（2）两个朋友一起去饭馆吃饭，商量着点菜。

（3）在商店里，让朋友帮自己挑选围巾。

3. 课外活动或作业

（1）为参加不同场合的活动（如生日晚会、舞会、郊游）挑选服装，询问朋友的意见。

（2）想买一本汉语学习词典，询问三位老师的意见。

（3）想选择一家健身房办年卡，询问三位爱好运动的朋友的意见。

七、询问感觉、感受

询问对方感觉或感受时，可以考虑选用以下句型：

句型 28：**……怎么样**

句型 61－3：**……对……感不感（有没有）兴趣**

句型 62－2：**……对……的印象怎么样**

……给……的印象怎么样

……给……留下（一种）什么样的印象

句型 28：

……怎么样

该句型有三个语义功能，其中，语义功能 3 可以用于询问他人的感觉。“怎么样”前往往是名词或动词词语。

This pattern asks how someone feels or thinks of something. Usually a noun or a verb is used before“怎么样”.

如：

A：你今天感觉怎么样？

B：好多了。谢谢。

又如：

❶（二人爬山，一人在后，前面的人问）

A：你怎么样？ 爬得动吗？

B：有点儿累。

❷（一人在服装店试衣服，问另一个人）

A：你觉得怎么样？

B：不错，这件衣服很适合你。

句型 61－3：

◈……对……感不感（有没有）兴趣

可以用于询问或表示某人对某物或某事的喜好情况。 在“……对……感不感/有没有兴趣”格式中，“对”前是表示人的名词词语，“对”后是名词词语、动词词语或小句子，表示某人有兴趣或没有兴趣的对象。 既可以问“感兴趣吗”也可以问“有兴趣吗”，否定回答分别是“不感兴趣”和“没有兴趣”。

These patterns are used to ask about someone's liking or interest. In the pattern “……对……感不感/有没有兴趣” a noun or personal pronoun goes before “对” and a NP , VP or clause goes after it indicating what one is/isn't interested. The negative answers to “感兴趣吗” and “有兴趣吗” are “不感兴趣” and “没有兴趣” respectively.

如：

A：你对唱歌有没有兴趣？ 我们去唱卡拉 OK 吧？

B：我对唱歌不感兴趣。 你们去吧。

又如：

❶（谈学习）

A：你对语言课和数学课有没有兴趣？

B：我喜欢语言课，对数学课我没兴趣。

❷（谈旅行）

A：你对旅行感不感兴趣？ 我们找个时间一起去旅行怎么样？

B：感兴趣啊，不过，我对大城市不感兴趣，我只对自然风光感兴趣。

句型 62－2：

……对……的印象怎么样

……给……的印象怎么样

……给……留下（一种）什么样的印象

可以用于询问某人对某物、某地或某人的感受。询问某人感觉某地、某物或某人怎么样。如果强调某人的感觉，用"……对……的印象怎么样"；如果强调某人、某物、某地，用"……给……的印象怎么样"、"……给……留下什么样的印象"。"对"前一般是表示人的名词词语，"对"后或"给"前一般是表示人或事物的名词词语，有时是动词词语或小句子，用于回答的常常是"好、不好、深刻"这样的形容词词语，有时是动词词语。

These patterns are used to ask about one's impression or opinion of somebody, something, or some place. To emphasize one's feelings, "……对……的印象怎么样" is used. To emphasize somebody, something or some place, "……给……的印象怎么样" or "……给……留下什么样的印象" can be used. Usually a noun or personal pronoun is used before "对" and a NP, VP or clause is used after "对" or before "给". In reply such adjectives as "好、不好、深刻" are usually used. Sometimes verbs can be used as a reply too.

如：

A：您对我们学校的印象怎么样？

B：很不错。你们校园的整齐、学生们的热情都给我留下了很深的印象。

又如：

❶（问旅行感受）

A：这次旅行给你留下的印象怎么样？

B：这次旅行给我留下了很难忘的印象。

❷（问对某人的印象）

A：小李这个人给你留下了什么样的印象？

B：他给我留下的印象不太好，给我一种不诚实的印象。

☞交际练习

（这个部分既可以提供教师课堂使用，也可以提供给学习者作为交际练习使用）

1. 问答

（1）问他人对旅游是否感兴趣。

（2）问他人对某地的印象怎么样。

（3）问学生最近的汉语课上得怎么样。

2. 课堂活动

（1）四人一组，互相询问对各种体育运动的兴趣，找出大家最感兴趣的一项运动。

（2）四人一组，互相询问对各自国家的首都（或家乡）的印象。

（3）两人一组，交流学习汉语的感受。

3. 课外活动或作业

（1）采访五个人，问他们对当地的交通状况感觉怎么样，总结汇报。

（2）采访五位同学，问他们对汉语老师的印象怎么样，总结汇报。

（3）采访五个人，问他们对哪种娱乐方式感兴趣（如唱歌、看电影、逛街），总结汇报。

八、询问行为动作是否（会或已经）发生

询问某个行为动作是否（会）发生时，可以考虑选用以下句型：

句型 22－1：……＋verb **不/没** verb（……）

句型 41－1－2：……（＋**曾经**）＋verb＋**过**（……）**吗**

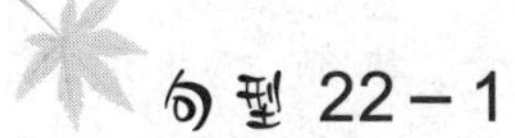

句型 22－1：

……＋verb 不/没 verb（……）

该句型有两个语义功能，其中，语义功能 1 可以用于询问是否进行或将要进行某种行为动作。“verb 不 verb”里的两个 verb 一样，verb 可以是“是”，可以是表示动作、习惯或经常性的动作的动词，也可以是一些表示心理状态的动词。第一个 verb 之前一般是名词词语或代词词语，第二个 verb 之后一般是名词词语，有时候也可以是动词词语或小句子。（语义功能 2 用于询问是否已经进行了某种行为动作，详见下）

This pattern has two semantic functions. One is to ask whether something is going to happen. The same verb is used in “verb 不 verb”. Here the verb can either be “是” indicating a future action or a habitual one, or be some psych verbs. Usually a noun or personal pronoun is put before the first verb and a NP, VP or clause is put after the second verb. (Details for Function 2, see below.)

如：

A：老板，七十块太贵了。我出五十块钱，你卖不卖？

B：好吧，卖给你。

又如：

1（下课了，两个学生谈话）

A：你去不去食堂吃午饭？

B：不去，我不饿，我要去买书

❷（在餐馆点菜）

A：你吃不吃西红柿炒鸡蛋？

B：不，我觉得西红柿太酸。

句型22－1语义功能2可以用于询问是否已经进行了某种行为动作。verb可以是“有”，问行为是否已经存在；或者其他动词，问是否做过某事，动词后面常有“过”。

The other semantic function of this pattern is to ask if something has happened. The verb “有” is often used in this pattern. When other verbs are used, they are usually followed by “过” asking if someone has done something.

如：

A：你有没有去过北京？

B：去过啊，去过两次呢。

又如：

❶（校园里，两个学生在谈话）

A：你想没想过毕业以后在北京找个工作？

B：当然想过，我希望找一个和贸易有关的工作。

❷（看完电影后，谈感受）

A：看了这个感人的故事，你哭没哭？

B：没哭。我告诉自己说那只是表演。

句型41－1－2：

◇……（＋曾经）＋verb＋过（……）吗

可以用于询问某种行为动作是否已经过去或结束。肯定或疑问形式可以用“曾经”，也可以省略；否定形式用“没有＋verb＋过（……）”。否定时不用“曾经”。“曾经”前一般是表示人的词语，“过”之后一般是名词词语，也可以是动词词语。

This pattern is to ask if something has happened or been finished. “曾经” may or may not appear in the positive and question forms. “曾经” may or may not appear in the positive and question forms. The negative form of this pattern is “没有＋verb＋过（……）” without “曾经”. A noun or personal pronoun is used before “曾经” and a N/NP or VP is used after “过”.

如：

A：你曾经学过包饺子吗？

B：没学过，这是我第一次包饺子。

又如：

❶（两个朋友聊天）

A：你曾经去过长城和故宫吗？

B：我曾经去过长城，但是我没去过故宫。

❷（在博物馆里）

A：这个科学家曾经在这个城市住过吗？

B：对，他曾经在这里住过 3 年。

☞ 交际练习

（这个部分既可以提供教师课堂使用，也可以提供给学习者作为交际练习使用）

1. 问答

（1）问他人有没有去过某个地方（如迪斯尼乐园）。

（2）问他人今晚去不去做某件事情（如看电影）。

（3）问他人想没想过将来在某个国家或城市（如北京）定居。

2. 课堂活动或游戏

（1）四人一组，互相询问各自曾经旅行过的地方，最后找出旅行经历最丰富的人。

（2）全班活动，大家依次询问旁边的同学有没有想过将来做什么工作，最后选出最受欢迎的三种职业。

（3）四人一组，互相询问最近买过什么水果，看哪种水果最受大家欢迎。

3. 课外活动或作业

（1）采访五位学汉语的朋友，问他们将来会不会考虑去中国发展。

（2）采访五位中国朋友，问他们有没有在母亲节的时候给妈妈送过花。

（3）采访五位同班同学，问他们有没有请过中国人做家教学习汉语。

九、询问动作涉及的对象

询问行为动作涉及的对象时，可以考虑选用以下句型：

句型 12－1：……verb＋**什么**（……）

句型 14：……verb＋**谁**（**什么**、**哪儿**）

句型 55－1：……verb＋**什么好**

句型 12－1：

◇……verb＋**什么**（……）

该句型有两个语义功能，其中，语义功能 1 可以用于询问行为动作的对象是什么。verb 的对象是“什么”。verb 前一般是名词或代词词语，“什么”后一般是名词词语。

This pattern is used to ask about the object of an action. All kinds of verbs can be used here and the object is “什么”. A noun or pronoun is usually used before the verb.

如：

A：先生，您喝点什么酒？

B：一杯啤酒。

又如：

❶（在房间里，两个人在谈话）

A：我们去商店吧。

B：你打算买什么？

A：我想买一件衣服。

❷（在饭馆门口，两个人正往里走，其中一个问）

A：今天我们吃什么？

B：我们吃面条吧。

句型 14：

◇……verb＋**谁**（**什么、哪儿**）

可以用于询问行为动作的对象。verb前一般是表示人的名词或代词等词语。

This pattern is to ask about the object of an action. What's before the verb is usually a noun or personal pronoun.

如：

A：您找谁？

B：我找老张。

又如：

❶（出租车司机问乘客）

A：您住哪儿？

B：我住十二街八号。

❷（玩具店里，店员问一个孩子）

A：你要什么球？

B：我要红色的那个球。

句型 55－1：

◈……verb＋什么好

该句型往往用来征求意见，问应该做什么，可以用于询问做什么合适。verb前一般是名词词语，"什么"是动作的对象。

This pattern is to ask for other's opinion about what to do or what's the right thing to do. What's before the verb is usually a N/NP. "什么" is the object of the action.

如：

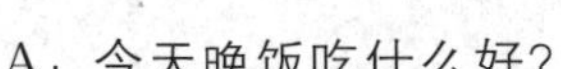

A：今天晚饭吃什么好？

B：吃什么都可以，你随便做吧。

又如：

❶（两个人逛商店）

A：我朋友明天过生日，我想买个礼物送他，买什么好？

B：买件衣服吧。

❷（两个朋友谈与女友约会）

A：明天我和她见面，说什么好？

B：我也不知道，你自己决定吧。

☞交际练习

（这个部分既可以提供教师课堂使用，也可以提供给学习者作为交际练习使用）

1. 问答

（1）问他人今天早餐吃了什么。

（2）问他人住在哪儿。

（3）问他人上星期去超市买了什么。

2. 准备一些简单场景写在纸条上，让学生抽纸条根据场景表演对话

（1）女朋友要过生日，和朋友讨论送她什么礼物。

（2）明天要去一家公司面试，问朋友穿什么好。

（3）马上要放假了，和同事商量去哪儿玩儿。

3. 课外活动或作业

（1）采访几位已经工作的朋友，问他们平时上班时午餐都吃什么。

（2）采访几位学生，问他们平时学习上有了问题会先去问谁。

（3）采访几位朋友，问他们圣诞节给家人挑选礼物时买什么好。

十、询问动作进行的方式

询问动作进行的方式时，可以考虑选用以下句型：

句型 30：（……）**怎么**……

句型 55－2：……**怎么**＋verb（……）＋**好**

句型 30：

◈（……）怎么……

该句型有两个语义功能，其中，语义功能 1 可以用于询问完成某一行为、动作的方式、方法。“怎么”前可以是动作的发出者，这时常常用表示人的名词词语，也可以是某件事，这时可以用动词短语。“怎么”后一般是动作行为，所以常常是动词词语。

This pattern is used to ask about the manner of an action. The subject of the action is usually put before“怎么”, and a V/VP indicating the action is put after.

如：

A：请问，去食堂怎么走？
B：一直往前走，第一个路口向右拐。

又如：

❶（学生问老师）

A：我怎么提高汉语水平？
B：你应该多跟中国人交流。

❷（办公室门口，中午，两个同事谈话）

A：我要和朋友去城里的餐馆吃饭，你知道怎么进城吗？

B：坐出租车吧，又快又方便。

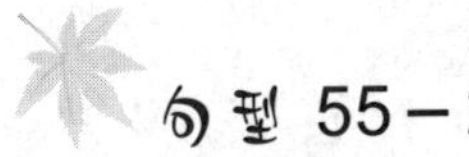

句型 55－2：

◈……怎么＋verb（……）＋好

用于询问怎么做合适。“怎么”前一般是名词词语，verb 一般是表示行为动作的各种动词，“怎么”是问行为动作的方式、办法等。verb 后一般是行为动作涉及的对象，可以省略。

This pattern is to ask about the right way of doing something. Before “怎么” is usually a N/NP. “怎么” is to ask about the manner or way of doing something. After the verb is usually the object of the action.

如：

A：长城很远，怎么去好？

B：坐公共汽车。

又如：

❶（两个人打电话）

A：她知道这件事一定会生气。

B：我们必须告诉她，怎么说好？

❷（在办公室，两个人谈工作）

A：王经理，明天我们跟电脑公司谈合同，这件事怎么安排好？

B：你告诉他们，明天 9 点在这儿（里）见面。

☞交际练习

（这个部分既可以提供教师课堂使用，也可以提供给学习者作为交际练习使用）

1. 问答

（1）问他人怎么去机场。

（2）问他人给父母的礼物怎么送好。

（3）问他人过节时怎么问候朋友。

2. 准备一些简单场景写在纸条上，让学生抽纸条根据场景表演对话

（1）问路，不知道怎么去火车站。

（2）询问朋友喜欢的购物方式。

（3）询问朋友喜欢的旅行方式。

3. 课外活动或作业

（1）采访几位工作的朋友，问他们平时怎么去上班。

（2）采访几位学汉语的朋友，问他们怎么练习口语。

（3）采访几位中国朋友，问他们在中国怎么买火车票。

十一、询问动作的主体或物品所属

询问动作的主体或物品所属时，可以考虑选用以下句型：

句型 1－4－2：**……是谁的……**

句型 13：**谁**＋verb（……）

句型 55－3：**谁（什么人）**＋verb（……）＋**好**

句型 1－4－2：

……是谁的……

该句型可以用于询问物品所属。该句型形成于“……是……”这一基本句型的基础之上，“是”前常常是“这”、“那”一类的词语，“谁的”后一般是表示物品的名词词语。

This pattern asks about the ownership of something. It derives from the pattern "……是……". Before "是" are usually the words like "这" "那" and after "谁的" is usually a noun indicating an article/item.

如：

A：这是谁的钱包？

B：是我的。

又如：

❶（在运动场上，一个人捡到一个球，问其他人）

A：这是谁的足球？

B：这是我的足球。

❷（在饭馆里，服务员问顾客）

A：这是谁的雨伞？

B：这是我的雨伞。

句型 13：

谁＋verb（……）

该句型有两个语义功能，其中语义功能 1 用于询问打算做、做过或能做某种工作或事情的人，verb 后一般是行为动作的对象。

This pattern has two semantic functions. The first one is to ask who can do something or who plans to do or has done something. The verb is usually followed by the object of an action.

如：

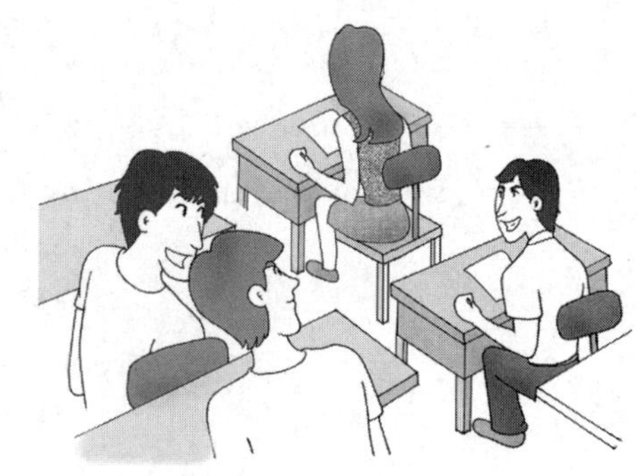

A：谁知道老师的电话号码？

B：我知道。

又如：

❶（在外国公司办公室，一个外国员工问其他员工）

A：谁会说汉语？

B：我会。

❷（几位女士路过一家商店，其中一位问其他人）

A：谁在这家商店买过衣服？

B：我没买过。

句型 55－3：

◈谁（什么人）＋verb（……）＋好

可以用于询问谁、什么人适合做某事。verb 后一般是行为动作涉及的对象。

This pattern asks who is the best person to do something. The verb is usually followed by the object of an action.

如：

A：我们要安排一个人去旅行社订票，谁去好？

B：小林。

又如：

❶（两个人打电话）

A：想看电影吗？

B：想，谁去买票好？

A：我去吧。

❷（在礼品商店，两个人拿着礼物谈话）

A：小王明天过生日，我们要送给她这份礼物，谁去送好？

B：李力。

☞交际练习

（这个部分既可以提供教师课堂使用，也可以提供给学习者作为交际练习使用）

1. 问答

（1）拿起身边的一个小物品问是谁的。

（2）问学生们谁知道报警电话。

（3）问学生们谁会唱歌。

2. 准备一些简单场景写在纸条上，让学生抽纸条根据场景表演对话

（1）几个人要一起去旅行，商量让谁去买票。

（2）有人拣到一个手机，询问是谁的。

（3）小王的电脑出了点问题，想找个懂电脑的朋友看看。

3. 课外活动或作业

（1）每人准备一张自己小时候的照片，放在一起，让其他同学猜照片是谁的。

（2）过节时全班同学每人准备一份小礼物，不写名字，放在一起再分发给大家，然后让每个人通过询问找出自己收到的礼物是谁送的。

（3）每人录几段流行歌曲或名人演讲，让别人猜是谁在唱谁在说。

十二、询问具有某种特点的人或物

询问具有某种特点的人时，可以考虑选用以下句型：

句型 1－3：**谁（哪位）是……**

句型 13：**谁**＋verb（……）

句型 1－3：

◇谁（哪位）是……

该句型具有两个语义功能，其中语义功能 1 用于寻找某人。句型中的“谁是”之后、“是谁”之前一般是表示人或职业、身份的名词、代词等词语；还可以说“哪位是……”。（语义功能 2 可以用于确认人群中不同的分工、角色，详见下。）

This pattern has two semantic functions. One is to look for a person. After “谁是” and before “是谁” is usually a noun or pronoun indicating the name，profession or identity of a person. The variation of this pattern is “哪位是……”.（Details for Function 2，see below.）

如：

A：请问，谁是导游？

B：我是。

又如：

❶（有人来教室找人，在教室门口问）

A：请问，谁是王小明？

B：我是王小明。

❷（在饭馆，有一桌人在吃饭，服务员走进来问）

A：请问，哪位是王经理？

B：我是。

句型 1－3 语义功能 2 可以用于确认人群中不同的分工、角色。“谁是”后一般是表示工作、职务、家庭角色等的名词词语，用来问在某个人群中谁是老师、谁是学生、谁是姐姐、谁是妹妹等。

The other semantic function of this pattern is to ask who plays a certain role among a group of people. After “谁是” is usually a noun of profession or family role. For example, it can be used to ask who the teacher (student, elder sister, younger sister) is in a certain group.

如：

A：有个妇女要生孩子了，乘客中谁是医生？

B：我是医生。病人在哪儿。

又如：

❶（一个大人问一个小学生）

A：在你们班，谁是班长？

B：我是班长。

❷（记者在拍摄现场问）

A：你们谁是导演、谁是演员？

B：他是导演，我是演员。

句型 13：

◈谁＋verb（……）

句型 13 的语义功能 2 可以用于询问具有某种特点的人。

The second semantic function of this pattern is to ask who the person with certain characteristics is.

如：

A：谁跳得最高？

B：三号运动员跳得最高。

又如：

❶（在游泳池旁边，老师问一群学生）

A：谁最喜欢游泳？

B：我。

❷（两个人谈话）

A：你们家谁长得最高？

B：我弟弟长得最高。

☞交际练习

（这个部分既可以提供教师课堂使用，也可以提供给学习者作为交际练习使用）

1. 问答

（1）询问学生们谁是班长。

（2）询问学生们吃过的最有特色的中国菜。

（3）询问学生们谁唱歌最好、跑步最快等。

2. 课堂活动或游戏

（1）两人一组，互相询问对方各自最欣赏的影星是谁。

（2）四人一组，讨论谁是最受欢迎的老师。

（3）四人一组，讨论到目前为止最有意义的发明。

3. 课外活动或作业

（1）采访来自不同国家的几位朋友，问问谁是他们国家最好的运动员。

（2）采访几位爱好电影的朋友，问问最新的几部电影中男女主角是谁。

（3）采访几位外国朋友，问问他们国家最高的山和最长的河。

十三、询问某处有何物

询问某个地方是否有某事物，可以考虑选用以下句型：

句型 12－1：……verb＋**什么**（……）

句型 12－1：

◈……verb＋**什么**（……）

句型 12－1 有两个语义功能，其中语义功能 2 可以用于询问在某个地方是否存在任何事物。verb 常常是“有”，也可以是其他动词，前面一般是名词词语。

The second semantic function of this pattern is used to ask what exists or can be found in a certain place. The verb is usually “有”, before which a noun or a verb is often used.

如：

A：箱子里面有什么（东西）？
B：箱子里有一些书，还有一些衣服。

又如：

❶（在一个公园门口，导游与游客谈话）

A：这个公园很漂亮。
B：公园里有什么？
A：有各种各样的植物。

❷（两个建筑设计人员在工地前分析一张图纸，其中一个问）

A：大楼的左边建什么？
B：大楼的左边建一个小公园。

☞交际练习

（这个部分既可以提供教师课堂使用，也可以提供给学习者作为交际练习使用）

1. 问答

（1）问他人教室里有什么。

（2）问他人图书馆里有什么。

（3）问他人文具袋里有什么。

2. 两人一组，互相询问对方家里的某个房间里有什么，如：

（1）卧室、客厅、书房等。

（2）花园、车库等。

（3）卫生间、厨房等。

3. 课外活动或作业

（1）采访几个外国朋友，问他们自己国家的学生宿舍里都有什么基本设施。

（2）采访几个朋友，问他们自己家附近都有什么娱乐场所。

（3）采访来自不同学校的几个同学，问他们学校的体育馆里都有什么运动场地。

猜测与验证

猜测的内容包括很多方面，比如：猜测对方姓名，猜测某人身份，猜测某人来历，猜测时间，猜测某个具体地点，猜测具体事物，猜测某件事，猜测某种事物的性质、特点、作用，猜测方式，猜测目的，猜测某物所属，猜测某物和他物是否具有相同之处，猜测某处有某物等等。

一般来讲，猜测的目的往往是为了验证事先的估计，因此这里的一些句型也会有验证的功能。现在分别介绍如下：

Guessing and Verifying

A lot of patterns can be used to guess different things. For example, you can guess the name or identity of a person, time, place, something specific, an event, the properties, characteristics and function of something, manner, purpose, ownership, similarities between two things, the existence of something somewhere, etc.

Usually when you make a guess, you need to confirm it. Therefore, some of the patterns in this part also have the function of confirming.

一、猜测对方姓名

猜测对方姓名，可以考虑选用以下句型：

句型 1－2：……**是**……**吗**

句型 22－3：……**是不是**……

句型 27：……**吧**

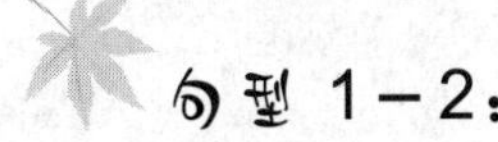

句型 1-2：

……是……吗

该句型有七个语义功能。其中，语义功能 1 以问句形式出现时用于猜测某个人。“是”字前后一般是表示人的名词词语，如人的名字。

This pattern has seven semantic functions. The first one is to guess someone's name. Pronouns like “你、他、她、他们” are usually used before “是” and concrete nouns referring to people's names are used after.

如：

A：你好，你是小林吗？

B：你好，我是小林。

又如：

❶（在办公室里有两个人：王小明和李力，一个来访者问李力）

A：请问，你是王小明吗？

B：不，我不是王小明，我是李力，他是王小明。

❷（在飞机场候机厅门口，一位举牌的女士问一位男士）

A：你是张先生吗？

B：我是。

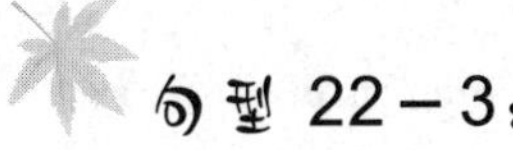

句型 22-3：

……是不是……

该句型有两个语义功能，其中语义功能1可以用于表示猜测并确认自己的猜测是否正确，包括猜测对方姓名。

This pattern has two semantic functions. One is to make a guess and confirm it. Usually it is a guess of a person's name.

如：

A：您是不是姓张？

B：对，我姓张。

又如：

❶（打电话）

A：喂，你是不是李力？

B：不，我不是李力，你打错了。

❷（学校开家长会，老师问）

A：您好，您是不是王大明的家长？

B：对，我是他爸爸。

句型27：

……吧

该句型有四个语义功能，其中语义功能4可以用于表示猜测，包括猜测对方姓名。“吧”前边一般是小句子、动词词语。

This pattern has four semantic functions. The fourth one is to guess someone's name. Usually a clause, verb or adjective is used before “吧”.

如：

A：请问，你是北京来的张小姐吧？

B：是，我姓张。

又如：

❶（打电话）

A：喂，你好！

B：喂，你是小林吧？ 我是小张。

❷（碰到老同学）

A：你是李力吧？ 我是王林，还记得我吗？

B：啊，记得记得，上小学的时候你很胖，现在瘦了。

☞交际练习

1. 根据情景回答/问答

（1）你是快递公司的员工，来开门的可能是收件人，你怎么问？

（2）在一次大型晚会上，你看到一个人很像你小时候的朋友，你怎么说？

（3）约会的地点有人在东张西望，你怎么问？

2. 根据情景，学生分组设计对话或表演

（1）走在路上，两个很久没有见面的朋友偶然相遇。

（2）在咖啡厅，一个歌迷遇到了一个人，很像他崇拜的歌星。

（3）一个老师遇到了分别多年的学生和自己打招呼。

3. 课外活动

（1）一个学生描述同班同学或名人的特征、相貌，别的同学猜猜他是谁。

（2）准备自己小时候的照片，和同学们的混在一起，随便抽取，猜猜他是谁。

（3）准备几段名人演讲或者流行歌手演唱的录音，让大家猜。

二、猜测某人身份

猜测某人身份，可以考虑选用以下句型：

句型 1－2：……**是**……**吗**

句型 22－3：……**是不是**……

句型 27：……**吧**

句型 1－2：

……是……吗

该句型有七个语义功能，其中，语义功能 2 以问句形式出现时可以用于猜测某人身份。“是”之前一般是表示人的名词、代词，“是”之后一般是表示职业、职务、职位等的名词或家属称谓。回答可以用“我是……”或“我不是……”

This is the second semantic function of this pattern. A question form is used to guess one's identity. Usually a noun or personal pronoun is used before “是” and after it is a noun indicating one's profession, post or rank, or relation to the other family members. “我是……” or “我不是……” can be used as a reply.

如：

A：您是经理吗？

B：我不是经理，他是经理。

又如：

1 （教室里有一个学生，来访者问）

A：你是老师吗？

B：我不是老师，我是学生。

❷（两个学生谈话）

A：你爸爸是律师吗？

B：我爸爸不是律师，他是工程师。

句型 22－3：

……是不是……

该句型有两个语义功能，其中语义功能 1 可以用于表示猜测并确认自己的猜测是否正确，包括猜测某人身份。

This pattern has two semantic functions. The first one is to guess one's identity and confirm it.

如：

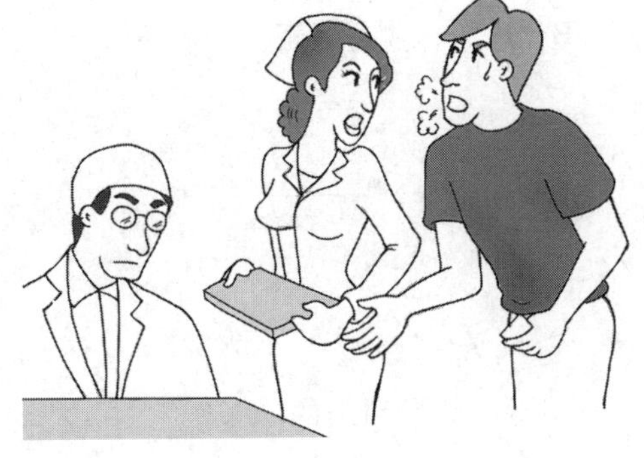

A：你是不是医生？

B：我不是医生，我是护士，医生在那儿。

又如：

❶（两个朋友谈话）

A：你姐姐是不是护士？

B：她不是护士，她是个牙医。

❷（顾客在商店）

A：你是不是老板？ 你们的商品质量太差，我要退货。

B：我不是老板，老板在那边。

句型 27：

⊕……吧

该句型有四个语义功能，其中，语义功能 4 可以用于表示猜测，包括猜测某人身份。“吧”前边一般是小句子、动词词语或形容词词语。

This pattern has four semantic functions. The fourth one is to guess one's identity. Usually a clause, verb or adjective is used before “吧”.

如：

A：您是经理吧？

B：是的，我是经理。

又如：

❶（车间里）

A：您是新来的厂长吧？

B：对，我是厂长。

❷（一个女孩在男孩家看照片，照片上一个人在实验室里）

A：你哥哥是工程师吧？

B：不，他是教化学的教授。

☞交际练习

1. 根据情景回答/问答

（1）你要找一个公司的经理，恰好在经理室门口遇到一个人，你怎么说？

（2）到一个商场找值班经理要求退换商品，你怎么说？

（3）一辆车坏在路边，旁边有一个人，警察会怎么问？

2. 根据情景，学生分组设计对话或表演

（1）去朋友家做客，猜猜朋友家庭合影中各人的身份、职业。

（2）两人一组，分别画出几幅突出职业身份特点的画，让对方猜。

（3）多名学生一组，一个学生表演，让别的学生猜他所表演的职业、身份。

3. 课外活动

（1）收集有行业、职业特点的海报，和同学互换猜测并验证其中人物的职业或身份。

（2）收集几张名片，让同学根据工作单位猜这几个人的职业或身份。

（3）去几个地方，猜测其中的几个人物的身份，看你猜的对不对。

三、猜测某人来历

猜测某人来历，可以考虑选用以下句型：

句型 1－2：**……是……吗**

句型 22－3：**……是不是……**

句型 27：**……吧**

句型 1－2：

◇……是……吗

该句型有七个语义功能，其中，语义功能3以问句形式出现时可以用于询问并确认某个人的来历。“是”之前一般是表示人的名词、代词，“是”之后一般是表示国别、单位的名词。

This is the third semantic function of this pattern. Its question form is used to guess and confirm where someone is from. A noun or personal pronoun is used before “是” and after it is usually the name of a country, city or organization.

如：

A：你是美国人吗？

B：我不是美国人，我是英国人。

又如：

1 （学生联欢会上，一个学生问另一个学生）

A：你是科技大学的学生吗？

B：我是，你是哪个大学的学生？

A：我是师范大学的学生。

2 （警察拿着一张照片在旅馆调查）

A：这个人是从广州来的吗？

B：对，他登记的住址是广州白云街53号。

句型 22－3：

……是不是……

该句型有两个语义功能，其中语义功能1可以用于猜测并确认自己的猜测是否正确，包括猜测他人的来历。

This pattern has two semantic functions. The first one is to geuss and confirm where someone is from.

如：

A：经理，照片上的人是不是你的员工？

B：不，我没见过这个人。

又如：

❶（在火车上）

A：你是不是法国人？

B：不，我是德国人。

❷（两个朋友谈话）

A：你妈妈是不是上海人？

B：是，她是上海人。

句型 27：

◈……吧

该句型有四个语义功能，其中，语义功能 4 可以用于表示猜测，包括猜测某人来历。

This pattern has four semantic functions. The fourth one is to guess where someone is from.

如：

A：听你口音，你是上海人吧？

B：对，我是在上海长大的。

又如：

❶（一写字楼走廊上）

A：你是这个公司的职员吧？ 你们经理在不在？

B：对不起，我是来这里办事的，你问问这个办公室的其他人。

❷（出租车上，司机问乘客）

A：你是从美国来的吧？

B：是啊，我从美国纽约来。

☞交际练习

1. 根据情景回答/问答

（1）老师出示不同国家人物卡片（名人照片），学生猜是哪国人。

（2）猜猜你的同桌老家在什么地方。

（3）猜猜你的同学是哪个学校的毕业生。

2. 根据情景，学生分组设计对话或表演

（1）发给每组学生一张表格，左侧为学生姓名，右侧为打乱顺序的家乡（家庭）地址，让学生依次猜测，完成姓名与住址连线。

（2）两人一组，分别写下几个国家、地方的名字，猜测对方所写的是哪国、哪个地方的。只用"是，我是……"、"不，我不是……"回答。

（3）看学生表演，猜测所演的是哪国人。

3. 课外活动

（1）在你遇到的陌生人中选择三个，分别猜测并验证他们是哪国人或哪个地方的人。

（2）收集几个穿着不同国家传统服饰的人物照片，让他人猜这些人是哪个国家的。

（3）收集几段不同语言的录音，让他人猜说话者是哪个国家的。

四、猜测时间

猜测时间，可以考虑选用以下句型：

句型 1－2：……是……吗

句型 2－2：是……的吗

句型 22－3：……是不是……

句型 27：……吧

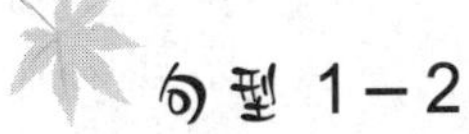

句型 1－2：

◈……是……吗

该句型有七个语义功能，其中，语义功能 4 以问句形式出现时可以用于猜测时间。“是”前一般是代词、名词或相当于名词的短语，“是”后可以是表示时间的名词，也可以是带着时间的一个句子、一个动词或动词短语。

This is the fourth semantic function of this pattern. The question form is to guess time. Before “是” is usually a pronoun or N/NP and after it is usually a noun of time, or a clause, V/VP with time expression.

如：

A：请问，您是明天退房吗？

B：是的。

又如：

❶（在宿舍里，两个同学之间谈话）

A：我们是 8 点上课吗？

B：我们是 8 点上课。

❷（在机场售票处，售票员问旅客）

A：您是要明天上午 10 点的飞机票吗？

B：是的。

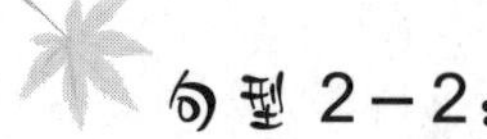

句型 2-2：

是……的吗

该句型有四个语义功能，其中，语义功能 1 可以用于猜测时间，并确认猜测是否正确。

This pattern has four semantic functions. The first one is to make a guess about time and confirm it.

如：

A：飞机是 8 点到的吗？

B：不，飞机是 8 点 30 分到的。

又如：

❶（打电话）

A：听说小张到上海了，他是昨天到的吗？

B：是，他是昨天下午 4 点到的。

❷（给旅行社打电话）

A：听说这次旅行取消了。

B：对，您是两个小时前得到消息的吗？

A：是啊，太晚了。

B：对不起，因为我们两小时前才知道有台风。

句型 22-3：

……是不是……

该句型有两个语义功能，其中语义功能 1 可以用于表示猜测并确认自己的猜测是否正确，包括猜测时间。

This pattern has two semantic functions. The first one is to guess a time and confirm it.

如：

A：电影是不是8点开始？

B：对，已经8点了，我们快走吧。

又如：

❶（朋友互问）

A：你们是不是明天出发？

B：不，我们今天晚上9点就出发。

❷（银行，顾客问营业员）

A：今天是不是3月1号？

B：对，从今天开始存款利息上升了。

句型27：

◈……吧

该句型有四个语义功能，其中语义功能4可以用于表示猜测，包括猜测时间。

This pattern has four semantic functions. The fourth one is to make a guess about time.

如：

A：今天是12月22号了吧？

B：是的，后天就是圣诞节了。

又如：

❶（办公室里，两个同事）

A：现在12点了吧？ 我们一起去吃饭吧。

B：好啊，我真的饿了。

❷（打电话）

A：舞会是7点开始吧？

B：不，推迟了，8点开始。

☞交际练习

1. 根据情景回答/问答

（1）你不太确定学校毕业舞会的时间，给朋友打电话，怎么问？

（2）你大概知道商店打折的时间，但不能确定，怎么向邻居打听？

（3）你和朋友在讨论一座古建筑的历史长短，怎么说？

2. 根据情景，学生分组设计对话或表演

（1）一人在前面以双臂、身体为钟表指针进行表演，其他人猜测他要表示的时间。

（2）两人一组，交换提问历史事件或新闻事件发生的时间。

（3）两人一组，各自写下和自己有关的五件事（如起床、吃早饭等），让对方猜自己做这些事的时间。

3. 课外活动

（1）想出几项日常活动，猜测并验证不同的人分别在什么时间做这些事，采访并汇报。

（2）采访水果或蔬菜店老板，猜测并记录几种蔬菜水果上市的季节。

（3）采访几位朋友，猜测并记录他们一年中计划用于旅行的时间。

五、猜测某个地点

猜测某个地点，可以考虑选用以下句型：

句型 1－2：……是……吗

句型 2－2：是……的吗

句型 22－3：……是不是……

句型 27：……吧

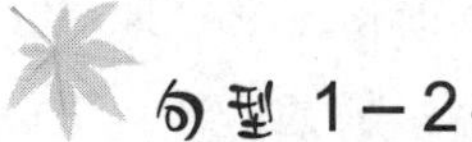

句型 1－2：

◈……是……吗

该句型具有七个语义功能。其中，语义功能 5 以问句形式出现时可以用于猜测某个地点。“是”字前后一般是指示代词“这、那”、表示地点的词语，如地方、场所、建筑物等。

This is the fifth semantic function of this pattern. The question form is to guess the location of a place. Before and after “是” are demonstrative pronouns like “这、那”, or words of location, or nouns indicating a place, site, or building.

如：

A：玫瑰酒店是这儿吗？

B：不是，玫瑰酒店在对面。

又如：

❶（在校园里，一个留学生问一个中国学生）

A：这是图书馆吗？

B：是。

❷（商场一楼大厅，顾客问服务员）

A：三楼是卖电器的吗？

B：是。

……是……的吗

句型 2－2 主要用于强调已经发生的事情，该句型有四个语义功能，其中，语义功能 2 可以用于强调地方，也可以用于表示强调意义的猜测。“是”“的”之间是“地方＋跟这个地方有关的动作”，但强调的是已经发生的某个动作跟某个地方的关系，表示地方的词语前常常有“从、在”这类介词。当动词带有宾语时，宾语往往放在“的”后，或提到主语前。

This pattern is to emphasize a past event. It has four semantic functions. The second one is to emphasize a certain place. Between “是” and “的” are words of a place and the action involved. The structure is to emphasize the relationship between the place and the action, so prepositions like “从、在” are usually put in front of the words of place. When the verb is followed by an object, the object is usually put after “的” or before the subject.

如：

A：你是在北京读大学的吗？

B：不，我是在天津读大学的。

又如：

❶（在学校，新学期刚开始，新同学刚刚入校，两个学生在校园里聊天）

A：你是从南方来的吗？你的口音像南方人。

B：对，我是从南方来的。

❷（在大街上，一个人推着自行车，和另一个人谈话）

A：这辆自行车是在银行门口找到的吗？

B：不，是在酒吧门口找到的。昨天我喝醉了。

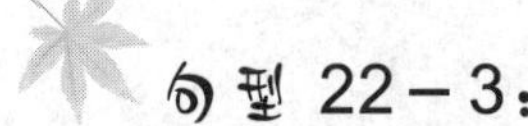

句型 22－3：

◈……是不是……

该句型有两个语义功能，其中，语义功能 1 可以用于猜测并确认自己的猜测是否正确，包括猜测地点。

This pattern has two semantic functions. The first one is to guess and confirm the location of a place.

如：

A：请问，这里是不是时代广场？

B：不，时代广场在那边。

又如：

❶（客人问坐在门口的秘书）

A：这是不是经理办公室？

B：对，您请进吧，总经理在里面。

❷（孩子问母亲）

A：妈妈，那个楼是不是百货大楼？

B：对，那个楼是百货大楼。

句型 27：

◈……吧

该句型有四个语义功能，其中语义功能 4 可以用于表示猜测，包括猜测地点。“吧”前边一般是小句子。

This pattern has four semantic functions. The fourth one is to guess a place. Usually a clause is used before “吧”.

如：

A：这里是博物馆吧？

B：很有可能，我们进去看看吧。

又如：

❶（在朋友家做客）

A：这是你的房间吧？

B：不是，这是我妹妹的房间，我的房间在那边。

❷（两个朋友在山上远眺）

A：那里是一个运动场吧？

B：对，那是去年新建的奥林匹克运动场。

☞交际练习

1. 根据情景回答/问答

（1）朋友有一件特别的衣服，猜猜在哪儿买的。

（2）猜猜你同桌的老家。

（3）猜猜某些活动的举办场所。

2. 根据情景，学生分组设计对话或表演

（1）两人一组合作完成名胜古迹和所在地区的连线。要一起商量讨论完成。

（2）朋友打电话说他要去某个国家一个自然风光优美的地方旅行，猜猜他要去哪儿。

（3）两人一组，各自画出不同建筑或场所，让对方猜画的是哪里。

3. 课外活动

（1）一个人藏起一件东西，其他人猜东西所在位置。只用“对”“不对”回答。

（2）调查几个认识的人，猜测并验证他们一般会去哪儿度假。

（3）采访水果店的老板，猜测并验证五种水果的产地。

六、猜测具体事物

猜测具体事物，可以考虑选用以下句型：

句型 1－2：……**是**……**吗**

句型 22－3：……**是不是**……

句型 27：……**吧**

句型 1－2：

◈……是……吗

该句型有七个语义功能，其中，语义功能 6 以问句形式出现时可以用于猜测具体事物。"是"字前后都是表示事物的名词、代词。

This pattern has seven semantic functions. The sixth one appears in a question form and is used to guess a particular thing. Concrete nouns or pronouns are used before and after "是".

如：

A：那是春联吗？

B：不，那是门神，春联在门两边。

又如：

❶（商店里，客人问营业员）

A：那个盒子里面是巧克力吗？

B：对，这是瑞士的巧克力。

❷（在雕塑展览会上，一个人指着一座雕塑问）

A：那是一篮真的水果吗？

B：不，那是雕刻的艺术品。

句型 22－3：

◈……是不是……

该句型有两个语义功能，其中，语义功能 1 可以用于猜测并确认自己的猜测是否正确，包括猜测具体事物。

This pattern has two semantic functions. The first one is to guess a particular thing and confirm it.

如：

A：请问，那是不是旗袍？

B：对，您要试试吗？ 您的身材很好，这件一定适合您。

又如：

❶（商店里，服务员拿着手机问顾客）

A：这是不是你要的那种手机？

B：对，我要的就是这种。

❷（一个人在商店买鞋）

A：这是不是网球鞋？

B：不，那是跑鞋，黄色的是网球鞋。

句型 27：

◈……吧

该句型有四个语义功能，其中语义功能 4 可以用于表示猜测，包括猜测具体事物。

This pattern has four semantic functions. The fourth one is to guess a particular thing.

如：

A：这是牡丹花吧？

B：不是，是芍药花，这两种花的样子差不多。

又如：

❶（在朋友家）

A：这是巧克力吧？ 我能尝一块吗？

B：请吃吧，这是昨天一个朋友送我的巧克力。

❷（走廊里）

A：请问，那边是男厕所吧？

B：不是，那边是女厕所，男厕所在这边。

☞交际练习

1. 根据情景回答/问答

（1）看图猜测花卉名。

（2）看图猜名胜古迹。

（3）猜猜中国几个传统节日都吃什么特色食品。

2. 根据情景，学生分组设计对话或表演

（1）两人一组，让对方猜自己手里的东西是什么。

（2）画某物的一部分，让对方猜你要画的是什么。

（3）一个孩子到商店去，要买一个不知道名字只知道样子和用途的商品，店老板不断猜测终于确定该商品。

3. 课外活动

（1）一人分步骤描述某物多个特征，其他人抢答猜测此物名称。

（2）采访几个人，猜测并验证他们最喜欢的、最期待的生日礼物。

（3）采访来自不同地区或国家的几个人，猜测并验证他们当地的特产。

七、猜测某件事

猜测某件事或某个行为动作或某种情况是否已经、正在或将要发生，可以考虑选用以下句型：

句型 1－2：……**是**……**吗**

句型 3－2：……＋verb（……）**吗**

句型 22－3：……**是不是**……

句型 27：……**吧**

句型 1－2：

◈……是……吗

该句型有七个语义功能，其中，语义功能 7 以问句形式出现时可以用于猜测某件事或某个行为动作是否发生。“是”前是表示人的名词、代词，“是”后是表示事情、活动的词语。

This pattern has seven semantic functions. The seventh one appears in a question form and is used to guess if something is going to happen. A noun or personal pronoun is used before “是” and after it is a NP/VP indicating an event or activity.

如：

A：妈妈，你是要包饺子吗？
B：不，我是要做面包。

又如：

❶（礼堂里，很多人在布置房间，挂了很多气球和花，有个人走进

来，问）

A：你们是在开舞会吗？

B：我们正在准备开舞会。舞会一个小时后开始，欢迎你来参加。

❷（一个人背着旅行包出门，邻居问）

A：你是要出门旅行吗？

B：是，我要去北部山区度假。

句型 3－2：

◈……＋verb（……）吗

该句型表示疑问，这个句型也可以用于猜测某事或某个行为动作是否发生。

This pattern basically means interrogative. It also is used to guess if something is going to happen or has happened.

如：

A：你喝牛奶吗？

B：喝。

又如：

❶（在商店门口，两个人正往里走，其中一个问）

A：你买衣服吗？

B：我不买，这儿的衣服太贵了。

❷（办公室，经理问秘书）

A：小李，王经理来过电话吗？

B：来过了，他说今天下午再给你电话。

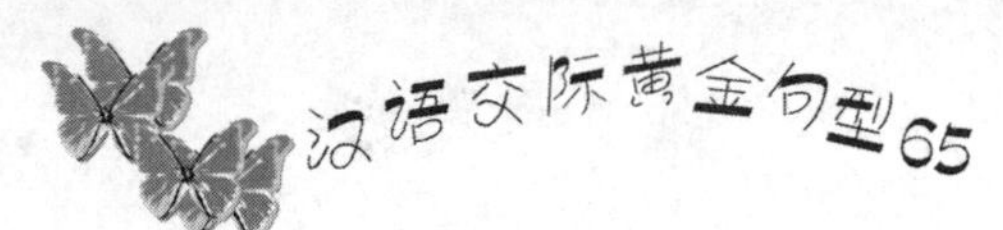

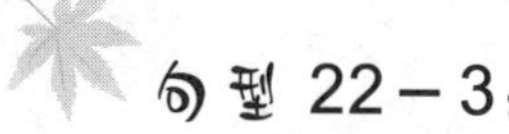

句型 22－3：

◈……是不是……

该句型有两个语义功能，其中，语义功能 1 可以用于猜测并确认自己的猜测是否正确，包括猜测某事或某个行为动作是否发生。

This pattern has two semantic functions. The first one is to make a guess and confirm it, including guessing if something is going to happen.

如：

A：你贴了这么多明星照片，你是不是很喜欢看电影？

B：是啊，各种各样的电影我都喜欢。

又如：

❶（朋友的脸色很不好）

A：你的脸色不好，你是不是病了？

B：还好，昨天夜里做了恶梦，没休息好。

❷（鱼缸里有条鱼一动也不动）

A：快看，那条鱼是不是死了？ 它一动也不动。

B：真可惜，可能因为我让它吃得太多了。

句型 27：

◈……吧

该句型有四个语义功能，其中语义功能 4 可以用于表示猜测，包括猜测某事或某个行为动作是否发生。

This pattern has four semantic functions. The fourth one is to guess if something is going to happen.

如：

A：你刚刚起床吧？

B：对，昨天睡得太晚了。

又如：

❶（办公室，经理问秘书）

A：小张还没到吧？

B：是的，等他到了，我叫他赶快去见您。

❷（邻居来敲门）

A：这么晚了还这么热闹，你们在举行晚会吧？

B：是的，对不起，打扰您休息了，我们马上结束。

☞交际练习

1. 根据情景回答/问答

（1）和朋友约会，他却迟到了很长时间，猜测并验证他怎么了。

（2）小张最近一直没有精神，他怎么了？

（3）朋友说要请客庆祝，猜猜他有什么喜事。

2. 根据情景，学生分组设计对话或表演

（1）两人一组，一人做出不同表情动作，对方猜他有什么事。

（2）前方大街上乱哄哄的，警察前去处理，猜猜发生了什么事。

（3）在医院，医生根据病情来猜测并询问病人生病的原因。

3. 课外活动

（1）采访几名中学生，猜测并验证他们暑假的安排，总结一下中学生大多怎么度过他们的假期。

（2）采访几位朋友，猜测他们如果成了百万富翁最想做的事情是什么。

（3）同学之间互相讲述一个故事，让其他人根据故事情节猜猜结局。

八、猜测某种事物的性质、特点、作用以及数量等

猜测某种事物的性质、特点、作用以及数量等，可以考虑选用以下句型：

句型 22－3：……**是不是**……

句型 27：……**吧**

句型 22－3：

……是不是……

该句型有两个语义功能，其中，语义功能 1 可以用于猜测并确认自己的猜测是否正确，包括猜测某种事物的性质、特点、作用等。

This pattern has two semantic functions. The first one is to confirm one's guess about the quality, feature and function of something.

如：

A：这块香皂是不是用来洗手的？

B：是的，您可以用它洗手。

又如：

❶（两个人在看中国地图）

A：长江是不是很长？

B：对，它的长度是 6300 公里，是中国最长的河流。

❷（体检）

A：大夫，我的体重是不是 55 公斤？

B：不，那是去年的重量，今年是 60 公斤。

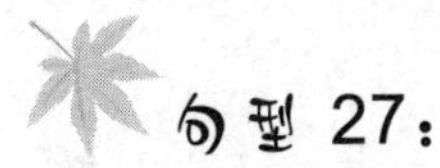

句型 27：

◈……吧

该句型有四个语义功能，其中语义功能 4 可以用于表示猜测，包括猜测某种事物的性质、特点、作用。“吧”前边一般是小句子、动词词语或形容词词语。

This pattern has four semantic functions. The fourth one is to guess the quality, feature and function of something. Usually a clause, verb or adjective is used before “吧”.

如：

A：这种果汁很酸吧？请你给我另一种。

B：好的。

又如：

❶（药店买药）

A：这种药一定很有效吧？

B：听说效果不错，只是价钱贵了一点。

❷（在商场，一对恋人在看首饰）

A：你看那个钻石戒指，多漂亮啊！

B：嗯，这种钻石要几万块钱吧？不过，它真漂亮！

☞交际练习

1. 根据情景回答/问答

（1）出示几种中国菜的图片，猜猜这种菜的味道。

（2）逛商场时看到一件衣服很漂亮，猜猜它的价钱。

（3）根据书名猜猜是哪一类的书。

2. 根据情景，学生分组设计对话或表演

（1）两人一组，猜猜对方手头各种文具的价格。

（2）两人一组，准备家庭合影，猜猜对方家庭成员的大概年龄。

（3）两人一组，分别写出几个地点，让对方猜猜坐飞机去那些地方需要多长时间。

3. 课外活动

（1）去水果店，猜测并验证几种水果的价格。

（2）去旅行社，猜测并验证几条旅游线路的价格、特点，选择一条最好的。

（3）学生分两组，一组学生在纸上写下一种东西的名字，另一组学生通过猜测特征（对方只可以用“是”“不是”回答）来确定此物是什么，固定时间内猜对多的组为胜。

九、猜测他人感受

猜测他人感受，可以考虑选用以下句型：

句型 22－3：……**是不是**……

句型 27：……**吧**

句型 61－2：……**对**……**感（有）兴趣吗**

句型 62－3：……**对**……**的印象**……**吗**

……**给**……**的印象**……**吗**

其中，句型 61－2 和句型 62－3 可以跟句型 2、句型 22－3、句型 27 套用。比如“你是不是对这本书感兴趣”“你对小王的印象不错吧”。

句型 22－3：

……是不是……

该句型有两个语义功能，其中，语义功能 1 可以用于猜测并确认自己的猜测是否正确，包括猜测他人感受。

This pattern has two semantic functions. The first one is to make a guess about how someone feels about something or someone else and then confirm it.

如：

A：考试的时候你是不是很紧张？ 你平时做得比考试好。

B：不紧张，但是，我那天有点儿头疼。

又如：

1（两个人谈到第三个人）

A：小林一直不说话，他是不是累了？

B：不是，他是生气了。

2（两个男人谈论一个女孩）

A：你认识那个女孩吗？

B：当然，你是不是对她很感兴趣？

A：不，我只想约她看电影。

句型 27：

◈……吧

该句型有四个语义功能，其中语义功能 4 可以用于表示猜测，包括猜测对方感受。“吧”前边一般是小句子、动词词语或形容词词语。

This pattern has four semantic functions. The fourth one is to guess how someone feels about something or someone else. Usually a clause, verb or adjective is used before “吧”.

如：

A：你对京剧不感兴趣吧？

B：有点儿，我喜欢武打，可是听不懂他们唱什么。

又如：

❶（两个人谈另一个人）

A：小张生气了吧？她关门的声音很响。

B：有可能，刚才我不同意她的意见。

❷（小孩问妈妈）

A：妈妈，那个姐姐很难过吧？你看她哭了。

B：是啊，把你的小熊送给她吧。

句型 61－2：

◈……对……感（有）兴趣吗

该句型可以用于猜测某人对某物的喜好情况。“对”前一般是表示人的名词词语，“对”后一般是名词词语、动词词语或小句子，是某人有兴趣或没有兴趣的对象。既可以问“感兴趣吗”，也可以问“有兴趣吗”，否定回答分别是“不感兴趣”和“没有兴趣”。此外，还可以用否定的方式提问以验证自己的猜测，这时句型为“……对……＋不感（没有）兴趣吗”随着说话人对自己的猜测把握程度的不同，句尾的“吗”也可换成“吧”，与句型27“……吧”套用。

These patterns are used to make a guess about someone's liking or interest. Before “对” is usually a personal pronoun and after it is a NP, VP or clause referring to the thing someone is interested or not interested in. The negative answers to “感兴趣吗” and “有兴趣吗” are “不感兴趣” and “没有兴趣” respectively. The question can be asked in negative forms as in patterns “……对……＋不感（没有）兴趣吗”. If you are rather sure of your guess, you can change the word “吗” at the end of the question into “吧”.

如：

A：你对旅行有兴趣吗？

B：是啊，不过，我对大城市不感兴趣，我只对自然风光感兴趣。

又如：

❶（朋友间谈爱好）

A：你对唱歌感兴趣吗？

B：我对唱歌不感兴趣，但是，我对跳舞很感兴趣，朋友唱歌的时候我常常跳舞。

❷（布告栏前，两个学生在看课表）

A：你选了很多关于语言和数学的课，你对数学和语言都有兴趣吗？

B：我喜欢语言课，不过，对数学课我没兴趣，只是觉得数学很有用。

句型 62－3：

……对……的印象……吗

……给……的印象……吗

该句型可以用于猜测某人对某物、某地或某人的感受。用于猜测某人对某人、某地、某物的感觉。如果强调对某人的感觉，用“……对……的印象……吗”；如果强调某人、某物、某地，用“……给……的印象……吗”。有时也可以用“……给……留下（一种）……的印象吗”。“对”前是表示人的名词词语，“对”后或“给”前一般是表示人或事物的名词词语，有时是动词词语或小句子，“……对……的印象……吗”“……给……的印象……吗”中，“吗”前和“……给……留下……的印象吗”“……给+……一种……的印象吗”中的“印象”前常常是“好、不好、深刻”这样的形容词词语。随着说话人对自己的猜测把握程度的不同，句尾的“吗”也可换成“吧”，与句型 27“……吧”套用。

These patterns are used to guess how someone feels about something, some place or someone else. If the impression of someone is stressed, "……对……的印象……吗" is used. If the thing, place or person is stressed, "……给……的印象……吗" and "……给……留下（一种）……的印象吗" are used. Usually a noun or personal pronoun is used before "对" and after "对" or before "给" is a NP, VP or clause. In these patterns adjectives like "好、不好、深刻" are usually used to modify "印象". If you are rather sure of your guess, you can change the word "吗" at the end of the question into "吧".

如：

A：你们对这个景点的印象很好吧？

B：很好，特别是服务员的热情给我留下了很深的印象。

又如：

❶（问旅行感受）

A：你这么高兴，北京给你的印象很好吗？

B：非常好。北京之行给我留下了难忘的印象。

❷（酒吧，两个朋友在喝酒，小李刚刚和他们打了招呼走开）

A：小李是不是给人一种不诚实的印象？

B：确实有一点儿，我对他的印象不太好。

☞交际练习

1. 根据情景回答/问答

（1）刚和朋友一起看完一部电影，想知道他的感受是否和你一样，怎么问?

（2）很多人反对安乐死，你想知道朋友的观点，怎么问?

（3）你想找个人一起运动，问朋友有没有兴趣。

2. 根据情景，学生分组设计对话或表演

（1）两人一组，谈谈自己的爱好，看对方和自己是否一样。

（2）和同桌谈谈自己的偶像，看看对方的兴趣所在及对偶像的印象、感受。

（3）和朋友谈谈旅行经历，互相问问对旅游地的印象。

3. 课外活动

（1）调查五个人，猜测并验证他们对某位名人或事件的印象、感受。

（2）调查几个人，猜测并验证他们对当前热点问题的观点。

（3）一人表演各种姿态、表情，其他人猜他的感受。

十、猜测行为动作的方式

猜测行为动作的方式，可以考虑选用以下句型：

句型 2－2：……**是**……**的吗**

句型 22－3：……**是不是**……

句型 27：……**吧**

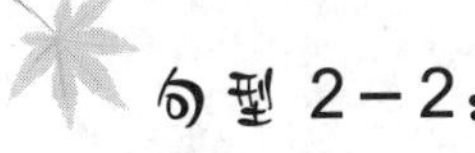

句型 2－2：

◈……是……的吗

“……是……的”具有强调作用，常用于已经发生的事情，该句型有4个语义功能，其中，语义功能3可以用于强调行为动作的方式。“是”前一般是表示人、事物等的名词词语，“是”“的”之间是“做事情的方式+跟这个方式有关系的行为动作”，但强调的是方式。问句形式可以用于表示猜测，包括猜测行为动作的方式。

The pattern “……是……的” is to emphasize a past event. It has four semantic functions. The third one emphasizes the manner of an action. Before “是” is a noun or personal pronoun. Between “是” and “的” are words of “manner + action” with the emphasis on manner. When used in a question form, the pattern means a guess about the manner of an action.

如：

A：那个地方那么远，你是坐飞机去的吗？

B：不是，我先坐火车，然后坐汽车、马车，这样才能欣赏路上的风景。

又如：

❶（两个人在办公室说话）

A：你是打电话通知他们的吗？

B：有的是打电话通知的，有的是发短信通知的。

❷（厨房，妈妈问爸爸）

A：儿子是骑自行车去商店的吗？ 怎么还没回来？

B：是骑自行车去的，应该很快就回来了。

句型 22-3：

◈……是不是……

该句型有两个语义功能，其中，语义功能 1 可以用于猜测并确认自己的猜测是否正确，包括猜测行为动作的方式。此时，“是不是”后面常常是动词词语。

This pattern has two semantic functions. The first one is to confirm one's guess about the manner of an action. Following “是不是” is usually a VP.

如：

A：小偷是不是从窗户进来的？

B：对，你看，窗台上有脚印。

又如：

❶（办公室见面）

A：我去机场没见到你，你是不是坐火车来的？

B：不，我是坐汽车来的。

❷（会议现场，一个人走进来）

A：你怎么知道今天开会，是不是小李打电话告诉你的？

B：不，是小张去我家告诉我的。

句型 27：

◈……吧

该句型有四个语义功能，其中语义功能 4 可以用于表示猜测，包括猜测行为动作的方式。“吧”前边一般是小句子。由于谈话往往发生在行为动作已经发生之后，“……吧”常常跟“是……的”套用。

This pattern has four semantic functions. The fourth one is to guess the manner of an action. Usually a clause is used before “吧”. When the speakers talk about a past event, “……吧” is usually used together with “是……的”.

如：

A：你的样子好像很累，你是走路来的吧？

B：对，我走了一个半小时，太累了。

又如：

❶（打电话）

A：喂，我到了。

B：这么快，你是跑着去的吧？

❷（经理问秘书）

A：你昨天是打电话订的飞机票吧？

B：是，因为昨天我一直在忙着整理文件，没时间去旅行社。

☞交际练习

（这个部分既可以提供教师课堂使用，也可以提供给学习者作为交际练习使用）

1. 问答

（1）猜猜你的同桌是怎么从家来学校的。

（2）猜猜古代人怎么远距离传达信息。

（3）猜猜朋友怎么搞到了音乐会的票。

2. 小组活动或课堂游戏

（1）依次猜测并验证身旁同学怎么给最好的朋友送礼物。

（2）两三个人一组，猜测并验证别人最常用的购物方式。（如：去商场、市场、打电话、通过网络……）

（3）几个人一组，猜测并验证别人最喜欢的休闲方式。

3. 课外活动或作业

（1）采访不同年龄的人，看看他们过节的时候怎么问候自己的亲人朋友。

（2）采访几位身材好的人，问问他们保持身材的办法。

（3）采访几位外语老师，问问他们最有效的提高汉语水平的办法。

十一、猜测行为动作产生的目的、原因

猜测行为动作产生的目的、原因，可以考虑选用以下句型：

句型 2－2：……**是**……**的吗**

句型 22－3：……**是不是**……

句型 27：……**吧**

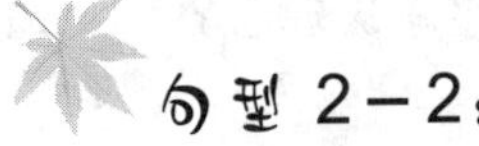

……是……的吗

"……是……的"具有强调作用，常用于已经发生的事情，该句型有 4 个语义功能，其中，语义功能 4 可以用于强调行为动作的目的、原因。"是"前一般是表示人、事物等的名词词语，"是""的"之间是"跟目的有关系的事情＋目的"，但强调的是目的。问句形式可以用于表示猜测，包括猜测行为动作产生的目的、原因。

The pattern "……是……的" may emphasize a past event. It has four semantic functions. The fourth one can be used to emphasize the purpose or reason of an action. Before "是" is usually a noun or personal pronoun. Between "是" and "的" are words of "action ＋ purpose" with the emphasis on purpose. When used in a question form, it means a guess about the purpose or reason of an action.

如：

A：请问，您是来住宿的吗？

B：不，我是来找人的。

又如：

❶（长城上，两个游客谈话）

A：你是来北京旅游的吗？

B：不，我是来出差的，顺便来参观长城。

❷（获奖大会）

A：她是因为唱得好而获奖的吗？

B：不，她是因为跳舞跳得好而获奖的。

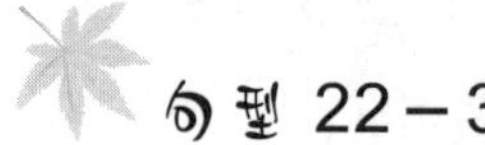

句型 22－3：

……是不是……

该句型有两个语义功能，其中，语义功能 1 可以用于猜测并确认自己的猜测是否正确，包括猜测行为动作产生的目的、原因。

This pattern has two semantic functions. The first one is to guess and confirm the purpose or reason of an action.

如：

A：小王，你昨天是不是因为陪女友看电影没去开会？

B：对不起，经理，我昨天真的生病了。

又如：

❶（在外滩，两个游客谈话）

A：你是不是来上海旅游的？

B：不，我是来开会的。

❷（一个朋友的脸色很不好，另两个人在谈论）

A：她的脸色很不好，是不是因为丢了钱伤心？

B：不是，因为她生病了。

句型 27：

◈……吧

该句型有四个语义功能，其中语义功能 4 可以用于表示猜测，包括猜测行为动作产生的目的、原因。

This pattern has four semantic functions. The fourth one is to guess about the purpose or reason of an action.

如：

A：你的汽车坏了吧？ 怎么骑自行车来？

B：不是，因为堵车，骑车比开车快。

又如：

❶（写字楼走廊）

A：请问，经理室在哪儿？

B：你是来要钱的吧？

A：不，我是来修理电话的，听说经理的电话坏了。

❷（警察敲门，开门人问）

A：你是来调查谋杀案的吧？ 已经有警察来过了。

B：不，我是来调查抢劫案的，昨天晚上一个女孩在你家门口被抢了。

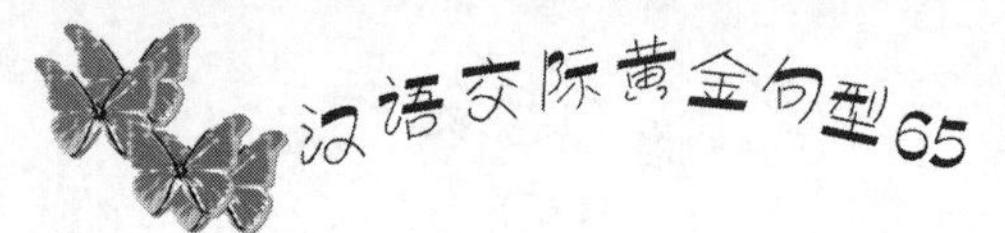

☞交际练习

（这个部分既可以提供教师课堂使用，也可以提供给学习者作为交际练习使用）

1. 问答

（1）有同学没来上课，猜猜他怎么了。

（2）路上有个孩子在哭，猜猜他为什么。

（3）开会的时候一个人突然出去了，猜猜他有什么事。

2. 小组活动或课堂游戏

（1）和同桌谈谈假期的安排，猜测对方这样安排的目的和原因。

（2）几个人一组，其中一人作出各种动作，其他人猜测他要干什么。

（3）你是公司的秘书，有人来找老板，猜猜他找老板干什么。

3. 课外活动或作业

（1）采访几个朋友，猜测并验证他们去旅游的目的。

（2）采访几位同班同学，猜测并验证他们学习汉语的原因。

（3）采访几位养宠物的老人，猜测并验证他们养宠物的原因。

十二、猜测某物所属

猜测某物所属，可以考虑选用以下句型：

句型 1－4－1－2：**……是……的……吗**

句型 22－3：**……是不是……**

句型 27：**……吧**

句型 1－4－1－2：

……是……的……吗

该句型可以用于猜测某人或某物所属。“的”前一般是代词、名词词语，“的”后一般是名词词语，“的”前的词语一般表示“的”后词语所代表事物的所有者、领有者。

This pattern derives from “……+是+……”. In the pattern “……是……的……吗” a noun or pronoun is usually used before “的” and functions as the owner of the thing appearing after it, which is usually a noun.

如：

A：那辆白色的车是你的吗？

B：不是，那辆红色的是我的。

又如：

❶（一个人坐在饭馆的桌子边，服务员端着菜走过来问）

A：请问，这是您点的菜吗？

B：是的，谢谢。

❷（教室里，一个人在找东西，另一个人问）

A：这是你的铅笔吗？

B：对，我正在找它。

句型 22－3：

◇……是不是……

该句型有两个语义功能，其中，语义功能 1 可以用于猜测并确认自己的猜测是否正确，包括猜测某物所属。

This pattern has two semantic functions. The first one is to guess and confirm one's ownership of something.

如：

A：这是不是你的手机？

B：对，你们在哪儿找到的？ 太感谢了。

又如：

❶（来参观朋友的新房子）

A：快看，那幢房子是不是老张的？

B：不，老张的房子比那幢大多了。

❷（大街上，一个男孩问）

A：先生，这是不是您的钱包？

B：噢，我正在找。 谢谢你。

句型 27：

……吧

该句型有四个语义功能，其中语义功能 4 可以用于表示猜测，包括猜测某物所属。

This pattern has four semantic functions. The fourth one is to guess one's ownership of something.

如：

A：听说你家丢了一只狗，这是你家的狗吧？

B：不，我家的狗是黑色的，可是这只狗是白色的。

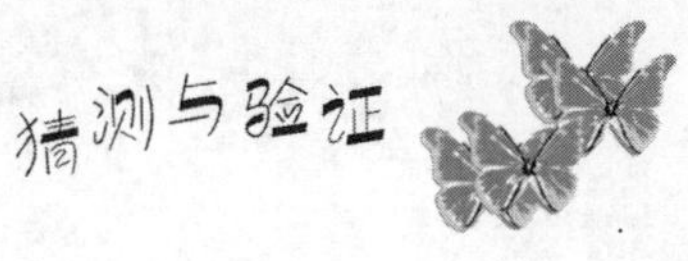

又如：

❶（商店门口，雨过天晴，一个人忘了伞，走出商店，营业员叫住他）

A：先生，这是你的伞吧？

B：噢，对，我差点儿忘了。

❷（公共厕所的洗手间）

A：先生，这是你的手表吧？

B：啊，我差点儿忘了，谢谢你。

☞交际练习

1. 根据情景回答/问答

（1）你捡到一只小狗，看起来很像邻居家的，你怎么问他？

（2）你在桌子旁边捡到一支笔，好像是同桌的，怎么问他？

（3）窗外有辆汽车的防盗器一直在响，好像是你朋友的车，你怎么问？

2. 根据情景，学生分组设计对话或表演

（1）两人一组，分别拿出几种物品放在一起，轮流问某物是不是对方的？

（2）两人一组，各自写出五张唱片或五部电影的名字，让对方猜测演唱者或主演。

（3）多人一组，一人说出歌曲或文学作品、电影、电视剧的名字，其他人猜测是谁的作品。

3. 课外活动

（1）学生每人交出一件物品，混杂在一起，逐一猜测物品主人。

（2）和自己家人做游戏，一个人闭上眼睛摸摸其他人的手，猜猜是谁的。

（3）准备多个国家的国旗，猜猜分别是哪个国家的。

十三、猜测某物和他物是否具有相同之处

猜测某物和他物是否具有相同之处，可以考虑选用以下句型，其中，句型 27 往往可以与其它句型套用。句型 1－5－2、1－6－2、48－2、56－2、57－2 的句尾语

气词“吗”可以换用“吧”。句尾换用语气词“吧”以后，说话人对猜测内容把握更大一些。

句型 1－5－2：**……也是……吗**

句型 1－6－2：**……都是……吗**

句型 27：**……吧**

句型 48－2：**……像……一样（……）吗**

句型 56－2：**……跟/和……一样（……）吗**

句型 57－2：**……跟/和……差不多（……）吗**

句型 1－5－2：

……也是……吗

句型 1－5－2 是句型“……是……”的衍生句型，可以用于说明某事物和其他事物有一样的特点。完整的句子是“……是……，……也是……”，但是说话时，不一定把“……是……”说出来。

This pattern derives from “……是……” and indicates that people or things have something in common. The complete form of this pattern is “……是……，……也是……”，but in colloquial Chinese, the part “……是……” may not necessarily be included.

如：

A：我爸爸是医生，你爸爸也是医生吗？

B：不，我爸爸是工程师。

又如：

❶（几个人从商店出来）

A：你怎么买了这么多东西。

B：不都是我的，这件衣服是王明的。

A：那双鞋也是吗？

B：也是。

❷（两个人在会客室等待，工作人员走进来，问）

A：请问，你是王明的朋友吗？

B：对，我是。

A：你也是吗？

C：我不是，我来找张力。

句型 1－6－2：

◈……都是……吗

句型 1－6－2 是句型“……是……”的衍生句型，可以用于说明某事物和其他事物有一样的特点。“都是”前后的词语都是名词词语。

This pattern is also the variation of “……是……” meaning that people or things have something in common. N/NP are used before and after “都是”.

如：

A：这些都是你的花吗？

B：是啊，都是我的。

又如：

❶（在公司的办公室里有很多人，一个工作人员问另一个工作人员）

A：他们都是来参加考试的员工吗？

B：他们都是。

❷（两个人在一个办公室里看文件，桌子上堆着两摞文件）

A：这些都是你检查过的文件？

B：不，那些文件我还没看。

句型 27：

◈……吧

该句型有四个语义功能，其中语义功能 4 可以用于表示猜测，包括猜测某物和他物是否具有相同之处。

This pattern has four semantic functions. The fourth one is to guess if two things have similarities with each other.

句型 48－2：

◈……像……一样（……）吗

该句型可以猜测两个事物是否有一样的特点。“像”前后一般是名词词语、动词词语或小句子，“一样”后一般是形容词、动词、小句子。

This pattern is used to guess if there is anything in common between two people or things. N/NPs，V/VPs or clauses are usually put both before and after“像”. What follows“一样”is an adjective，verb or clause.

如：

A：孩子像妈妈一样漂亮吗？

B：比妈妈还要漂亮。

又如：

❶（遛狗人问邻居）

A：您的狗和我这只一样大吗？

B：一样大，它们都喜欢吃东西，不喜欢走路。

❷（旅馆门口，一个人走出来，另一个人问）

A：这家旅馆像刚才那家一样脏吗？

B：我觉得它比刚才那家更脏。

句型 56－2：

◇……跟/和……一样（……）吗

句型 56－2 有两个语义功能，其中语义功能 1 可以用于猜测某物和他物是否具有相同之处，“跟/和”前后一般都是名词词语、动词词语或小句子。

This pattern has two semantic functions. One is used to guess if two things have anything in common. NPs，VPs or clauses are used both before and after “跟/和”.

如：

A：那件衣服跟这件衣服一样吗？

B：不一样，那件衣服大一点儿。

又如：

❶（打电话）

A：喂，听说你买了一辆新车。 你的车跟我的车一样吗？

B：牌子一样，但是颜色不一样。

❷（教室，学生问老师）

A：日本语和韩国语语法一样吗？

B：不完全一样。

句型 56 – 2 语义功能 2 可以用于猜测某物和他物是否具有某种相同之处，“跟/和”前后一般是名词词语、动词词语或小句子，“一样”后可以是“喜欢、爱”这类心理动词、动词词语或小句子，也可以是形容词，这时形容词前一般没有“很”“非常”之类的词语。

The second semantic function of pattern 56 – 2 is to guess if two things have anything in common. NPs, VPs or clauses are used before and after “跟/和”. After “一样” can be psych verbs like “喜欢、爱”, a VP, clause or adjective. Adverbs like “很、非常” are usually not used in front of the adjectives.

如：

A：那件衣服跟这件衣服一样贵吗？

B：不一样，那件衣服便宜多了。

又如：

❶（打电话）

A：喂，听说你买了一辆新车，你的车跟我的车一样大吗？

B：不一样，我的车比你的车大，也比你的车漂亮。

❷（办公室，同事们聊天）

A：你先生和你一样喜欢逛商店吗？

B：对，不过，我先生喜欢逛电器店，我只喜欢逛服装店。

句型 57 – 2：

◇……跟/和……差不多（……）吗

句型 57－2 有两个语义功能，语义功能 1 可以用于猜测某物和他物是否具有相同之处，“跟/和”前后一般是名词词语或动词词语。否定的回答常常是“……跟……不一样”。

This pattern has two semantic functions. The first one is used to guess if two things have anything in common. The modal (auxiliary) word “吧” is usually used at the end of the sentence. Before and after “跟/和” are usually NPs or VPs. The negative reply is usually “……跟……不一样”.

如：

A：那个房间跟这个房间差不多吗？

B：不，那个房间贵多了。

又如：

❶（秘书跟经理说）

A：经理，我要去机场接小张了，他的个子跟我差不多吗？

B：对，他比你瘦一点儿。

❷（建筑工地，老板在安排工作）

A：小李的工作和我的工作差不多吗？

B：他的工作跟你的不一样，他是木工，你是电工。

句型 57－2 的语义功能 2 可以用于猜测某物和他物是否具有某种相同之处。“跟/和”前后一般是名词词语或动词词语。否定的回答常常是“（……跟……）不一样……”。“差不多”后一般是形容词，这时形容词前一般没有“很”“非常”等词语。

Function 2 of pattern 57－2 is used to guess if two things have anything in common. Before and after “跟/和” are usually NPs or VPs. The negative reply is usually “（……跟……）不一样……”. “差不多” is usually followed by an adjective, in front of which adverbs like “很、非常” can't be used.

如：

A：你的个子跟我差不多高吗？

B：我比你高，我是160厘米，你只有158厘米。

又如：

❶（服装店，顾客问服务员）

A：这件衣服跟那件衣服差不多大吗？

B：不一样大。那件是中号，这件是大号。

❷（书店，顾客问服务员）

A：这本书跟那本书差不多厚吗？

B：差不多，价钱也差不多。

☞ 交际练习

（这个部分既可以提供教师课堂使用，也可以提供给学习者作为交际练习使用）

1. 问答

（1）朋友新买了一部相机，问问他是否和你的一样。

（2）你很喜欢运动，问问朋友的爱好是否和你一样。

（3）你想知道朋友学习汉语的目的是否和你一样，怎么问。

2. 小组活动或课堂游戏

（1）两人一组，各自画一张人物画，根据自己所画人物的特点，猜测对方画的和自己的是否一样。

（2）两人一组，谈谈自己的偶像，看看你们喜欢的偶像有无相同之处。

（3）多人一组，一人在纸上写下某一事物的名称，其他人通过猜测此物是否与其他事物有某种共同点来猜出答案。回答问题者只可说“对”、“错”、“是”、“不是”。

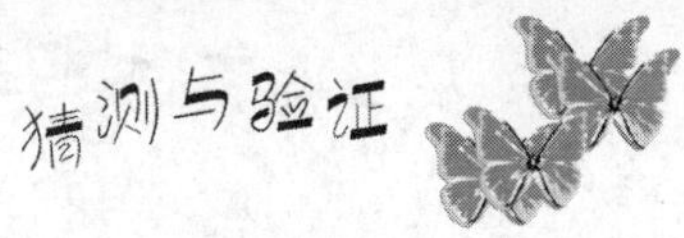

3. 课外活动或作业

（1）采访水果店老板，猜测并验证几种水果的味道是否和你熟知的水果相同。

（2）采访几位朋友谈谈各自父母的特点，猜测并验证他们的相同之处。

（3）采访几个不同街区的朋友，谈谈他们街区的特色，猜测并验证街区间的相同之处。

十四、猜测某处有某人或某物

猜测某处有某人或某物，可以考虑选用以下句型：

句型 8－2：……**有**……**吗/吧**

句型 22－3：……**是不是**……

句型 27：……**吧**

句型 8－2：

……有……吗/吧

该句型 8－2 用于询问或猜测某人是否拥有某物，或某处是否存在某人、某物。“有”前是人、地方等名词词语，“有”后是表示人或物的词语。

This pattern is used to ask or guess if someone has something or if something is in some place. A noun or personal pronoun is used before “有” and a noun of someone or something is used after.

如：

A：你猜柜子里有人吗？

B：没有，因为你刚才放进去的是狗。

又如：

❶（在公寓门口，两个同学对话）

A：你有汽车吗？

B：我没有汽车，我有一辆自行车。

❷（两个教师在谈话）

A：教室里有学生吗？

B：没有，他们都在操场上。

句型 22－3：

◈……是不是……

该句型有两个语义功能，其中，语义功能 1 可以用于猜测并确认自己的猜测是否正确，包括猜测某处有某人或某物。

This pattern has two semantic functions. The first one is used to guess and confirm the existence of someone or something at a certain place.

如：

A：房间里是不是有人？

B：是，我妹妹还在里面。

又如：

❶（教师问管理员）

A：那个教室是不是有空调？

B：不，我们下个星期才安装空调。

❷（顾客在门口问服务员）

A：你们饭馆是不是有川菜？

B：不，我们这里只做广东菜。

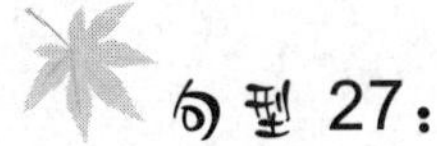

句型 27：

◈……吧

该句型有四个语义功能，其中语义功能 4 可以用于表示猜测，包括猜测某处有某人或某物。

This pattern has four semantic functions. The fourth one is used to guess the existence of someone or something at a certain place.

如：

A：乘客都在车里吧？

B：对，这辆车里有八个人。

又如：

❶（爸爸拿着一个圆形的盒子，孩子问爸爸）

A：盒子里是生日蛋糕吧？

B：不是，是送给你的生日礼物。你猜猜是什么？

❷（一个学生拿着一封信，另一个学生问）

A：信封里是贺年卡吧？

B：不，是女朋友送我的生日卡。

☞交际练习

（这个部分既可以提供教师课堂使用，也可以提供给学习者作为交际练习使用）

1. 问答

（1）你去宾馆订房间，希望那个房间有空调，怎么问？

（2）老师准备盒子，让学生猜盒子里装着什么东西。

（3）你到办公室找老师，在门口遇到你的同学，怎么问他？

2. 小组活动或课堂游戏

（1）两人一组，轮流猜测对方书包里有什么东西。

（2）两人一组，猜猜对方家里都有哪些人。

（3）两人一组，各自写出五个自己去过或了解的地点，让对方猜测该地有哪些代表性的旅游景点。

3. 课外活动或作业

（1）三四个同学一组，猜测并验证学校小花园里有什么。

（2）采访一家中餐馆的老板，猜测并验证这家餐馆有哪些你知道的中国菜。

（3）采访五位朋友，让他们猜猜北京有哪些景点和有名的特产。

确 认

“确认”是告知事实，在一定的对话情景中，“确认”往往是对“猜测”的肯定回答。确认的内容包括很多方面，比如：确认某人姓名，确认某人身份，确认某人来历，确认时间，确认某个具体地点，确认具体事物，确认某件事，确认某种事物的性质、特点、作用，确认过去已经进行过某种动作行为，确认选择的结果，确认某人、事、物和另一人、事、物有相同特点，确认某处有某物，确认某物所属等等。现在分别介绍如下：

Confirming

Confirming usually means the positive reply of a guess in a conversation. It covers a lot of topics, such as confirming one's name, identity, background, time, location, event, past action, something concrete and the quality, feature, function, ownership of something, as well as the commonness between some people or some things, etc.

一、确认某人姓名

确认某人姓名时，可以考虑选用以下句型：

句型 1－1：**……是……**

句型 11－1：**这是……**

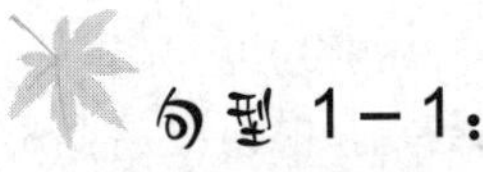

句型 1－1：

◇……是……

句型1－1有八个语义功能。其中，语义功能1可以用来确认某人姓名。“是”字前后是表示人的代词、名词或短语。主语常常是人称代词“你、他、她、他们”等，宾语是指具体人的名词，如人的名字。

This pattern has eight semantic functions. The first one is used to confirm one's name. A N/NP or personal pronoun like “你、他、她、他们” is put before “是” and functions as the subject. The object refers to someone's name which is put after “是”.

如：

A：你好，我是王小明。

B：你好，我是李力。

又如：

❶（在办公室里有两个人，一个来访者问）

A：你好，我找王小明？

B：他是王小明。

❷（在飞机场候机厅门口，一位女士问男士）

A：你是上海来的张先生吗？

B：是的，我是。

句型11－1：

◇这是……

句型11－1有两个语义功能，其中，语义功能2可以用来说明某人是谁。“这是”后是人名、人的身份。要表示客气，可以说“这位是……”。

This pattern has two semantic functions. The second one is used to introduce a person and give his or her name. After “这是” is a noun of one's name or identity. To show politeness you can say “这位是……”.

如：

A：这位是刘大力，我们公司的经理。

B：您好，刘经理。我是王小明。

又如：

❶（老师和妈妈见面，孩子介绍说）

A：妈妈，这是张老师。

B：你好，张老师，我是小林的妈妈。

❷（一个人站在另两个人之间介绍）

A：你好，王小明，这是李力。

B：你好，李力，很高兴认识你。

☞交际练习

（这个部分既可以提供教师课堂使用，也可以提供给学习者作为交际练习使用）

1. 问答

（1）和新朋友见面，告诉他你的名字。

（2）把你的同桌介绍给你的家人。

（3）告诉朋友你最喜欢的演员是谁？

2. 小组活动或课堂游戏

（1）三四个人一组，轮流自我介绍。

（2）三个人一组，介绍一个人给另一个人。

（3）击鼓传花，音乐停止时，拿花的同学介绍旁边的人给其他人。

3. 课外活动或作业

（1）准备海报或照片，给你的朋友介绍三位你喜欢的球星或歌星、影星的名字。

（2）同学一起做游戏，抢凳子。凳子数比人数少一个。多人随音乐绕凳子转圈，音乐停止时快速抢坐凳子，没抢到的介绍自己的姓名。

（3）学生围成内外两个圈，随音乐分别按逆时针、顺时针转圈，音乐停止时面对面的同学互相做自我介绍。

二、确认某人身份

确认某人身份时，可以考虑选用以下句型：

句型 1－1：……**是**……

句型 11－1：**这是**……

句型 1－1：

……是……

句型1－1有八个语义功能。其中，语义功能2可以用来确认某人身份。“是”前是表示人的名词、代词，“是”后是表示职业、职务、职位等的名词或家属称谓。

This pattern has eight semantic functions. The second one is used to confirm one's identity. A noun or personal pronoun is used before “是” and after it is a noun indicating one's profession, post, title, or family relation.

如：

A：请问，您是老师吗？

B：我不是老师，我是学生。

又如：

❶（公司的办公室有几个人，来访者问其中的一个人）

A：你是经理吗?

B：我不是经理，他是经理。

❷（两个中学生谈话）

A：你爸爸是老师吗?

B：我爸爸不是老师，他是工程师。

句型 11－1：

◈这是……

句型 11－1 有两个语义功能，其中，语义功能 2 可以用来说明某人的身份。“这是”后是表示人名、人的身份之类的词语。如果要表示客气，可以说“这位是……”。

This pattern has two semantic functions. The second one is used to talk about one's identity. After “这是” is a N/NP indicating one's name or identity. To show politeness you can use “这位是……”.

如：

A：这位是干什么的?

B：这位是老师。

又如：

❶（在医院门口，两个人见面握手，旁边的一个人在介绍）

A：这是医生。

B：您好，医生。我是新来的护士。

❷（大学教室，讲座现场，一个人介绍主讲人）

A：这位是国内最有名的心理学专家，大家欢迎。

B：您太客气了。

交际练习

（这个部分既可以提供教师课堂使用，也可以提供给学习者作为交际练习使用）

1. 问答

（1）在经理室门口，有人问你是不是经理，你怎么回答？

（2）在办公室，有人问你是不是老师，你怎么回答？

（3）在商场，有人问你是不是促销员，你怎么回答？

2. 小组活动或课堂游戏

（1）老师准备写有不同职业的卡片，学生每人抽取一个，朗读该词并确认自己是不是该词表示的身份。（如：学生，我是学生。）

（2）假设同学们二十年以后再次聚会，请依次介绍你自己和另外三位同学那时候的身份。

（3）学生们轮流表演并告诉同学们演的是哪一职业的人，其他人评价他演得像不像。

3. 课外活动或作业

（1）学生分别准备自己的家庭合影照片，给自己的朋友介绍家庭成员的身份或职业。

（2）准备多张你认识的人的名片，给你的同学介绍名片主人的身份或职业，比比谁的职业好、谁的职位高。

（3）课外收集海报，告诉你的同学海报上人物的身份或职业。

三、确认某人来历

确认某人来历时，可以考虑选用以下句型：

句型 1－1：……是……

句型 1－1：

◇……是……

句型 1－1 有八个语义功能。其中，语义功能 3 可以用于确认某人来历。“是”前是表示人的名词、代词，“是”后是表示国别、单位的名词。

This pattern has eight semantic functions. The third one is used to confirm one's nationality or birthplace. A noun or personal pronoun is put before “是” and a NP indicating a country, city, or organization is put after.

如：

A：你是美国运动员吗？

B：我不是美国运动员，我是英国运动员。

又如：

❶（学生联欢会上，一个留学生问一个中国学生）

A：你是师范大学的学生吗？

B：是的。我的理想就是当一名优秀的老师。

❷（两个学生谈话）

A：小王是上海人吗？

B：不，他是天津人。

☞交际练习

（这个部分既可以提供教师课堂使用，也可以提供给学习者作为交际练习使用）

1. 问答

（1）你最好的朋友是哪里人？

（2）你的兄弟姐妹是哪个大学的学生？

（3）你最喜欢的演员是哪国人？

2. 小组活动或课堂游戏

（1）两人一组，一人写出不同国家或不同地区的五个人名，一人写出五个国家或地区名，确认人名和国家、地区名是否可按顺序一一对应。共同写出五个确认的句子。

（2）老师准备多张穿着民族传统服装的人物照片，学生确认是哪个国家或民族的人。

（3）学生轮流说出几个名人的姓名，别的学生确认这个人是哪个国家、地区或公司的人。

3. 课外活动或作业

（1）采访或调查五位名人分别是哪个大学的毕业生。

（2）采访五位朋友，他们的祖父母是哪个地方或国家的人。

（3）查资料，记录当前世界上最富有的五个人分别是哪个国家的人。

四、确认时间

确认时间时，可以考虑选用以下句型：

句型 1－1：……是……

句型 1－1：

◈……是……

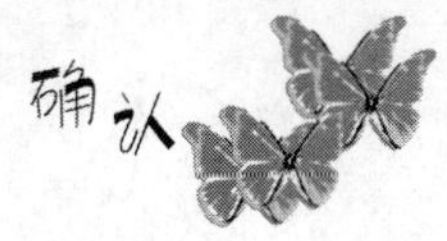

句型1-1有八个语义功能。其中，语义功能4可以用于确认时间。“是”前一般是代词、名词或相当于名词的短语，“是”后可以是表示时间的名词，也可以是带着时间的一个句子、一个动词或动词短语。

This pattern has eight semantic functions. The fourth one is used to confirm time. Before “是” is usually a N/NP, or personal pronoun and after it is a noun of time, V/VP, or a sentence with time expression.

如：

A：那家商店是8点开门吗？

B：是的，是8点开门。

又如：

❶（酒吧，两个朋友聊天，一个人惊慌地问）

A：现在是7点吗？

B：对，现在是7点，怎么啦？

A：糟糕，我7点要跟女朋友见面。

❷（在旅馆大堂的服务台，服务员问客人）

A：您是住三天吗？

B：我是住三天。

☞ 交际练习

（这个部分既可以提供教师课堂使用，也可以提供给学习者作为交际练习使用）

1. 问答

（1）老师准备一个小闹钟，拨动指针问学生现在是几点。

（2）你是几点起床的?

（3）你昨天的功课是几点做完的?

2. 小组活动或课堂游戏

（1）一人在前面用双臂和身体比划时间，其他人回答现在是几点。

（2）两人一组，轮流问对方是什么时间做某事的。

（3）两人一组，根据课程表，轮流问对方某门课程的上课时间。

3. 课外活动或作业

（1）调查附近三家超市或银行开门和关门的时间分别是几点。

（2）采访汇报你认识的一个人的简单经历（比如：他是……出生的，是……大学毕业的，是……开始工作的，是……开始搬出去自己住的）。

（3）调查并汇报五个不同航班或车次在你那个城市的出发时间。

五、确认某个地点

确认某个地点时，可以考虑选用以下句型：

句型 1－1：**……是……**

句型 1－1：

……是……

该句型具有八个不同的语义功能。其中语义功能 5 可以用于确认某个地点。“是”的前后是指示代词“这、那”等、表示地方的方位词或其他表示地方的名词、名词短语，如地方、场所、建筑物等。这类句子分成两种：一种是确认是否是某一类地方，另一种是确认是否是某个具体的、特定的地方。

This pattern has eight semantic functions. The fifth one is used to confirm a place. Before and after “是” are pronouns like “这、那”, words of location or N/NP indicating a place or building. This pattern can be used in two situations. One is to confirm that it is a place of certain kind. The other is to confirm that it is a specific or given place.

如：

A：前面是洗衣店吗？

B：不是，洗衣店在对面。

又如：

❶（在路上，一个留学生问路人）

A：这是图书馆吗？

B：是。

❷（商场一楼大厅，顾客问服务员）

A：买家具是在三层吗？

B：对，就在三层。

☞交际练习

（这个部分既可以提供教师课堂使用，也可以提供给学习者作为交际练习使用）

1. 问答

（1）老师准备校园的平面图，问学生："这儿是（图书馆、科学楼、体育场……）吗？"

（2）你的老家是哪里？

（3）你最喜欢的地方或城市是哪里？

2. 小组活动或课堂游戏

（1）两人一组，分别提问对方五个名胜古迹在哪里。记录确认的句子。

（2）两人一组，分别给对方介绍自己五位亲戚或朋友的住址。

（3）多人一组，分别介绍自己一个最喜欢的地方、最讨厌的地方、最难忘的地方是哪里。看看有无共同之处。

3. 课外活动或作业

（1）调查几个认识的人，记录他们打算去度假的地方。

（2）采访水果店的老板，记录五种水果的产地。

（3）查资料并记录五个不同航班的起点和终点。

六、确认具体事物

确认具体事物时，可以考虑选用以下句型：

句型 1－1：……**是**……

句型 46－3：……**叫**……（＋verb）……

句型 1－1：

◈……**是**……

句型 1－1 有八个语义功能。其中，语义功能 6 可以用于确认某种具体事物。"是"字前后都是表示事物的名词、代词。

This pattern has eight semantic functions. The sixth one is used to confirm a specific thing. Before and after "是" are usually nouns or pronouns indicating something.

如：

A：这是什么？

B：这是一盒巧克力。祝您生日快乐。

又如：

❶（一个外国人指着前面房子的门两边的红纸问）

A：那是什么？

B：那是春联。

❷（在雕塑展览会上，一个人指着一座蒙着布的雕塑问，另一个人把布取下，回答）

A：这个是什么？

B：这个是我最新的作品。

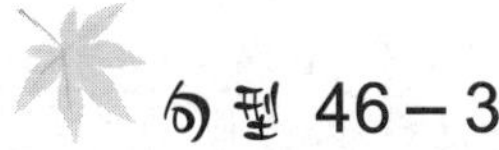

句型 46－3：

◈……叫……（＋verb）……

句型 46－3 有两个语义功能，其中，语义功能 2 可以用于表示把某人或某事称做什么，或怎么说人或事物的名字。这时句中没有第二个动词。

This pattern has two semantic functions. The second one is used to name someone or something without the verb.

如：

A：这就是那个老头儿的家吗？

B：对，老头儿死了以后没有人住，现在大家都叫它鬼屋。

又如：

❶（两个邻居谈论另一幢房子里走出的戴墨镜的人）

A：那个戴墨镜的人是谁？

B：他是我们的新邻居，别人都叫他张先生。

❷（两个朋友在喝酒，边上有一条黄狗）

A：大黄，来。

B：大黄是谁？

A：噢，大黄就是我的这条狗。你看，它个子很大，毛是黄色的，所以我们叫它大黄。

☞交际练习

（这个部分既可以提供教师课堂使用，也可以提供给学习者作为交际练习使用）

1. 问答

（1）老师准备各种花的图片，问学生："这是什么花？"

（2）老师准备各种名胜古迹的图片让学生认。

（3）你怎么叫你的邻居？

2. 小组活动或课堂游戏

（1）两人一组，分别写下三个事物的名称，并画出简单图画，打乱顺序让对方指认并连线。

（2）说几个猜具体事物的谜语让大家猜。

（3）两人一组，分别提问某个国家或地方最有特色的事物是什么。

3. 课外活动或作业

（1）从你的旅游照片中选出三张，介绍给你的同学。

（2）采访三个朋友，记录他们去旅游的地方都有什么特产。

（3）收集三种中国传统食品的照片，介绍给五位朋友，看他们是否认识并记录调查情况。

七、确认某件事

确认某件事时，可以考虑选用以下句型：

句型 1－1：……**是**……

句型 1－1：

……是……

句型 1－1 有八个语义功能。其中，语义功能 7 可以用于确认某件事。“是”前是表示人的名词、代词，“是”后是表示事情、活动的词语。

This pattern has eight semantic functions. The seventh one is used to confirm an event. Before “是” is a noun or personal pronoun and after it is a word or phrase indicating an event or activity.

如：

A：妈妈，你是要做包子吗？

B：不，我是要做面包。

又如：

❶（礼堂里，很多人在布置房间，挂了很多气球和花，有个人走进来，问）

A：你们是要开舞会吗？

B：是的，我们准备开舞会，欢迎你来参加。

❷（在公司办公室，两个员工谈话，有个人走进来，问）

A：你们是在开会吗？

B：不，我们没有开会。

☞交际练习

（这个部分既可以提供教师课堂使用，也可以提供给学习者作为交际练习使用）

1. 问答

（1）老师准备各种活动的照片，问学生照片上的人是否在做某事。

（2）有个学生早上的课总是迟到，是因为什么事？

（3）朋友说要开个庆祝会，他可能是因为什么事庆祝？

2. 小组活动或课堂游戏

（1）两人一组，一人做出不同表情动作，一人说出他所做的动作表示正在做什么事。

（2）两人一组扮演医生和病人，病人做表情动作，医生判断是什么病。

（3）你和朋友走在路上，看到一个人突然倒在地上，和朋友讨论那个人是怎么了。

3. 课外活动或作业

（1）调查并记录来运动场的人是要做什么运动的。

（2）调查并记录同学们为什么学习汉语。

（3）调查并记录学生们去图书馆干什么。

八、确定某种事物的性质、特点、作用

确认某种事物的性质、特点、作用时，可以考虑选用以下句型：

句型 1－1：……是……

句型 11－1：这是……

句型 33：……还是……

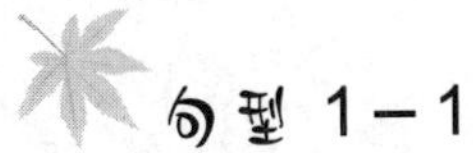

句型 1－1：

……是……

句型 1－1 有八个语义功能。其中，语义功能 8 可以用来解释某种事物的性质、特点、作用。“是”前是表示事物的名词、代词，“是”后是表示该事物性质、特点、作用的词语。

This pattern has eight semantic functions. The eighth one is used to explain the quality，feature or function of something. Before “是” is a noun or pronoun and after it is a word or phrase indicating the quality，feature or function of something.

如：

A：这是最好的啤酒吗？

B：这是我们饭店最好的啤酒。

又如：

1（一个外国人问一个中国人）

A：听说中国人过年的时候吃饺子，什么是饺子？

B：饺子是中国的一种传统食品，样子像古代的钱，过年吃饺子是希望新年有好运气。

2（操场上，一个老人在打太极，留学生好奇地问）

A：老先生，您练的是什么功夫？

B：我练的是太极拳。

A：太极拳？

B：是的，太极拳是中国的一种传统功夫。

句型 11－1：

这是……

句型 11－1 有两个语义功能，其中，语义功能 1 可以用于说明事物的性质、特点、作用。“这是”后是名词词语，可以是地名、事物名称等。

This pattern has two semantic functions. The first one is used to explain the quality, feature or function of something. After “这是” is a N/NP indicating the name of a place or something.

如：

A：这是饺子吗？

B：对，这就是中国人过年喜欢吃的饺子。

又如：

❶（在家里，一个女孩子在试一件衣服，一个男孩子问）

A：这是新衣服吗？

B：对，我昨天刚买的，很便宜，才 300 块钱。

❷（书店里，男孩问成年人）

A：这是什么词典？

B：这是汉语词典。

句型 33：

……还是……

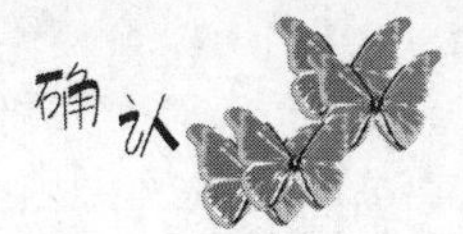

句型 33 有三个语义功能，其中，语义功能 3 可以用于表示没有改变。“……还是……”表示某人、事、物没有变化，跟以前一样。“还是”常常是动词、形容词。

This pattern has three semantic functions. The third one is used to indicate that someone or something remains unchanged. “……还是……” indicates that someone or something is the same as before. After “还是” is usually a verb, adjective, or noun.

如：

A：已经到秋天了，可是天气还是很热。

B：是啊，来，喝杯水吧。

又如：

❶（办公室，经理问秘书）

A：小张，你向王先生道歉了吗？

B：我对他说“对不起”，可是他还是很生气。

❷（朋友聚会）

A：十年过去了，你还是那么漂亮。

B：你也一样，还是那么年轻。

☞交际练习

（这个部分既可以提供教师课堂使用，也可以提供给学习者作为交际练习使用）

1. 问答

（1）老师出示几种中国传统特色的物品，学生说说该物品是什么样的物品。

（2）老师提供多个城市的风景的照片，学生说说该城市是一个什么样的城市。

（3）老师提供有关水果的图片，学生说说这是一种什么味道的水果。

2. 小组活动或课堂游戏

（1）两人一组，轮流说出某种事物的名字，让对方说说该事物是什么样的。

（2）两人一组，轮流向对方介绍某物或某地的历史。

（3）两人一组，分别写出五种事物名称，让对方对这五种事物进行说明。

3. 课外活动或作业

（1）调查五位朋友，他们认为北京是一个什么样的城市。

（2）调查三个外国朋友，他们的家乡是一个什么样的地方。

（3）调查五个熟人，问问他们觉得最近的超市是一个什么样的地方。

九、确认过去已经进行过某种动作行为

确认过去已经进行过某种动作行为时，可以考虑选用以下句型：

句型 41－1－1：……**曾**（**经**）＋verb＋**过**（……）

句型41－1－1：

◈……曾（经）＋verb＋过（……）

该句型可以用于确认过去的或已经结束的动作、行为。否定形式用：没有＋verb＋过……。“曾经”可以不说，否定时不用“曾经”。“过”后一般是名词词语。

This pattern is used to confirm a past or finished action. The negative form is “没有＋verb＋过（……）” without “曾经”. After “过” is usually a N/NP.

如：

A：你说你曾经见过照片上这个人，是吗？

B：是，他昨天在我的店里买了很多绳子。

又如：

❶（两个学生聊天）

A：你曾经去过长城吗？

B：对，我曾经去过长城。

❷（打电话）

A：小张，你能不能给我们介绍一下西藏？

B：好，我曾经去过拉萨、林芝几个地方，拍了很多照片，可以带给你们看。

☞交际练习

（这个部分既可以提供教师课堂使用，也可以提供给学习者作为交际练习使用）

1. 问答

（1）你曾经去过什么地方旅行？

（2）你曾经吃过哪些中国菜？

（3）你曾经看过哪些有趣的电影？

2. 小组活动或课堂游戏

（1）两人一组，轮流给对方介绍你去过的地方、遇到过的有趣的人和事。

（2）两人一组，轮流给对方介绍你曾经有过的最好玩的想法。

（3）两人一组，轮流给对方介绍小时候最有趣的事。

3. 课外活动或作业

（1）调查五个朋友，问问他们去过哪些地方旅行。记录下来。

（2）调查三个同学，问问他们用过什么办法学习汉字。

（3）调查身边的三个熟人，问问他们在哪些单位工作过。

十、确认选择的结果

确认选择的结果时，可以考虑选用以下句型：

句型 33：……**还是**……

句型 33：

……还是……

句型 33 有三个语义功能，其中，语义功能 2 可以用于表示经过考虑或比较以后作出选择。回答时经过了仔细的考虑，常常用“还是”强调自己的选择。“……还是……”里的“还是”前一般是表示人、事物等的词语，“还是”后一般是动词词语或名词词语。

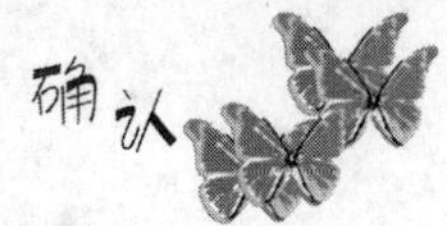

This pattern has three semantic functions. The second one is used to emphasize a decision made after consideration or comparison. In reply "还是" is usually used to stress that one makes the decision after consideration. Before "还是" is a word indicating someone or something and after it can be a VP or NP.

如：

A：周末你想去长城还是颐和园？

B：我想还是去颐和园，长城太远了。

又如：

❶（女人给男人打电话）

A：我想了很久，觉得这事儿还是应该告诉你。

B：什么事？ 你说吧。

A：我们不合适，我们还是分手吧。

❷（两个学生在谈论毕业后是否找工作的事情）

A：你毕业后打算工作还是考研究生？

B：我想来想去，还是决定考研究生。

☞交际练习

（这个部分既可以提供教师课堂使用，也可以提供给学习者作为交际练习使用）

1. 问答

（1）这个周末你打算去运动还是去购物？

（2）你喜欢喝茶还是喝咖啡？

（3）医生说爷爷病得很厉害，应不应该告诉爷爷？

2. 小组活动或课堂游戏

（1）两人一组，设想各种情景让对方作出选择。

（2）两人一组，谈谈对某位名人的评价。

（3）两人一组，谈谈对将来职业选择的倾向。

3. 课外活动或作业

（1）采访五位熟人，问问他们一般选择在家还是外边餐馆吃早饭。

（2）采访五个同学，问问他们周末一般怎么安排。

（3）调查五个朋友，问问他们一般选择在哪儿看电影。

十一、确认某人、某事、某物与另一人、事、物有相同特点

确认某个人、某事、某物与另一人、事、物有相同特点时，可以考虑选用以下句型：

句型 1－5－1：……**也是**……

句型 1－6－1：……**都是**……

◈……也是……

该句型可以用于说明某人、某事或某物和其他人、事、物有一样的特点。完整的句子是“……是……，……也是……”，但在一定语境下，不一定把“……是……”说出来。

This pattern means someone or something shares something in common with someone or something else. The complete form of this pattern is “……是……，……也是……”, but in certain context “……是……” may not necessarily appear.

如：

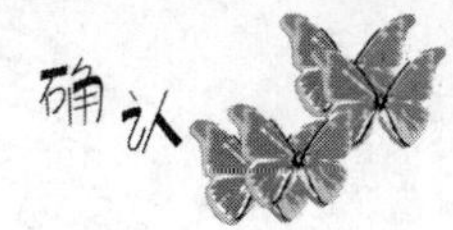

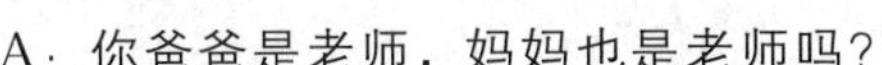

A：你爸爸是老师，妈妈也是老师吗？

B：我妈妈不是老师，她是家庭妇女。

又如：

❶（一个人从商店回来，朋友问）

A：你为什么买了这么多一样的衣服和鞋？

B：我也给你买了。这件衣服是你的，那双鞋也是你的。

❷（办公楼走廊里，一个人问工作人员）

A：请问，前面也是律师办公室吗？

B：是，那也是律师办公室。

句型 1-6-1：

◈……都是……

该句型可以用于表示在某个范围内全部人或事物都有共同的特点。“都是”前后常是名词词语。

This pattern means all the people or things concerned have something in common. Before and after “都是” are usually Ns/NPs.

如：

A：这些花真漂亮。

B：它们都是我爸爸种的。

又如：

❶（在公司的会议室门口有很多人，一个工作人员问另一个工作人员）

A：他们是谁？

B：他们都是来参加面试的大学生。

❷（经理在办公室里看文件，桌子上堆着很多文件，秘书问）

A：哪些文件您签过字？

B：这些都是。

☞交际练习

（这个部分既可以提供教师课堂使用，也可以提供给学习者作为交际练习使用）

1. 问答

（1）北京和华盛顿有哪些相同点？

（2）你的国家和中国有哪些相同点？

（3）爸爸妈妈有哪些相同点？

2. 小组活动或课堂游戏

（1）老师准备卡片，每张卡片上写有一种物品的名称，学生每人抽取一张卡片，两人一组，找出两张卡片上物品的共同之处。

（2）两人一组，找出两人的共同点。

（3）两人一组，分别画出两幅大同小异的画儿，让对方找出两张画儿的共同点。

3. 课外活动或作业

（1）调查几位朋友学习汉语的目的，总结并报告他们的相同点。

（2）采访几位长寿老人，总结并报告他们保持健康的秘诀。

（3）查资料，总结并报告几位名人成功的经验。

十二、确认某处有某物

确认某处有某物时，可以考虑选用以下句型：

句型 8－1：……有……

句型 11－2：这有……

句型 8－1：

◈……有……

句型 8－1 有两个语义功能，其中，语义功能 1 可以用于确认某人或某地有或没有某物。

This pattern has two semantic functions. The first one is used to confirm someone has something or there is/isn't something in a certain place.

如：

A：请问，这个楼里有厕所吗？

B：没有，不过，前面有公共厕所。

又如：

❶（在教室，一个学生问另一个学生）

A：你有词典吗？

B：我有。

A：借我用一下可以吗？

B：好，给你。

❷（在商店，一个人问服务员）

A：你们有复印机吗？

B：有，在那边。你可以自己复印然后来这儿付钱。

句型 11－2：

◈这有……

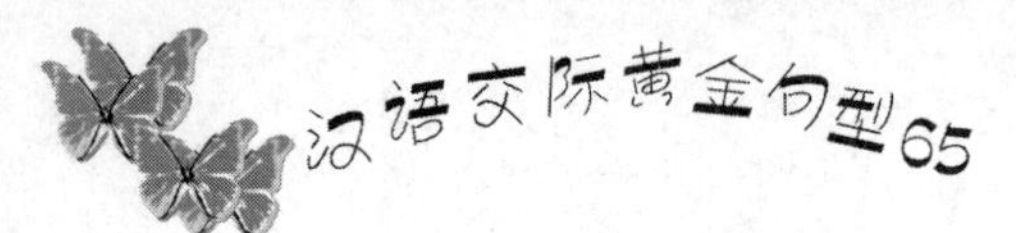

该句型可以用于确认某个地方有某物或某人。“这有”后一般是名词，表示人或事物。

This pattern is used to confirm there is something in a certain place. “这有” is usually followed by a N/NP indicating someone or something.

如：

A：这有葡萄酒吗？

B：有，这有六种呢，您随便挑。

又如：

❶（在会议室，众人已就座，空座位不多，一人进来找空位，另一个人提醒他）

A：这有一个空座位。

B：谢谢！

❷（在图书馆，一个人问管理员）

A：我想借一本汉语词典。

B：这有三种汉语词典，都在左边的书架上。

交际练习

（这个部分既可以提供教师课堂使用，也可以提供给学习者作为交际练习使用）

1. 问答

（1）学校的花园里有郁金香吗？

（2）教室里有空调吗？

（3）图书馆里有自习座位吗？

2. **小组活动或课堂游戏**

（1）两人一组，一人提出地点名，另一人问该处是否有某物。轮流问答。

（2）两人一组，轮流给对方介绍一处自己最喜欢的景点。

（3）两人一组，轮流给对方介绍自己理想中的家应该有什么。

3. **课外活动或作业**

（1）调查并汇报你家附近都有哪些建筑或附属设施。

（2）调查并汇报学校附近的超市有哪些商品。

（3）调查并汇报你最想去的一个地方有哪些特色景点。

十三、确认某人或某物所属

确认某人或某物所属时，可以考虑选用以下句型：

句型 1－4－1－1：……**是**……**的**……

句型 1－4－1－1：

……是……的……

该句型是句型1的衍生句型。可以用于确认某物或某人所属。“是”后词语一般表示“的”后词语的所有者、领有者、相关者。

This pattern derives from Pattern 1. It is used to confirm one's ownership of something. The word after “是” is either the owner of what's after “的” or is related to it.

如：

A：这个姑娘是你的女朋友吗？

B：不，她是我妹妹。

又如：

❶（一个男孩把球踢出了护网，路边一个人捡起问）

A：这是你的足球吗？

B：是的，谢谢。

❷（两个人谈论门前的车）

A：那是你的车吗？

B：不是。这是我的车。

交际练习

（这个部分既可以提供教师课堂使用，也可以提供给学习者作为交际练习使用）

1. 问答

（1）这是谁的笔？

（2）那是谁的词典？

（3）对面是哪个班的教室？

2. 小组活动或课堂游戏

（1）两人一组，轮流提问某歌曲或文学作品是谁的。

（2）两人一组，轮流提问某影视人物是哪部电影电视里的。

（3）多人一组，每人提供一件物品，学生们轮流确认某物是谁的，看谁说得对。

3. 课外活动或作业

（1）各自给父母或兄弟姐妹照相，放在一起，同班同学猜猜照片中的人物是谁的父母或兄弟姐妹。

（2）采访不同民族和国家的同学，记录并报告至少五种民族舞蹈或食品分别是哪个民族或国家的。

（3）调查顾客最喜欢的服装牌子，记录并报告他们都是哪个公司的产品，其公司分别是哪几个国家或地区的。

叙 述

叙述的内容包括很多方面，比如：叙述即将进行的动作行为、叙述正在进行的动作行为、叙述过去已经进行的动作行为、叙述一方致使另一方进行的动作行为、叙述一方为另一方代劳的动作行为、叙述双方共同进行的动作行为、叙述两方或多方进行了相同的动作行为、叙述一方对另一方进行的动作行为、叙述单方进行的动作行为。 现在分别介绍如下：

Narrating

This part is about the narration of all kinds of actions, including the action that is going to happen, the action in progress, a past action, one party causing the other to do something, one party doing something for the other, two parties carrying out an action jointly, two or more parties doing the same thing, one party doing something on the other, someone doing something all by himself, etc.

一、叙述即将进行的动作行为

叙述即将进行的动作行为时，可以考虑选用以下句型：

句型 4－2－1：……（adv.）＋**想**……

句型 4－3：……**要**……

句型 45：……**就要**……**了**

句型 4－2－1：

◈……（adv.）＋**想**……

句型 4-2-1 有两个语义功能，其中，语义功能 2 可以用于表示某人打算、希望做某事，“想”后一般是动词词语。

This pattern has two semantic functions. The second one is used to narrate what someone wants to or hopes to do. A V/VP usually follows “想”.

如：

A：你想吃什么？

B：我想吃中国菜。

又如：

1（放学了，两个学生一起走出校门）

A：你想去看电影吗？ 我们一起去。

B：不，我现在想回家。

2（两个朋友打电话）

A：喂，星期天有空吗？ 想不想去野餐？

B：好啊，我正想去郊外走走呢。

句型 4-3：

◈……要……

句型 4-3 有三个语义功能，其中，语义功能 3 可以用于表示打算，也可以用于叙述即将进行的动作行为。“要”后一般是动词性词语。

This pattern has three semantic functions. The third one is used to narrate what someone is going to do. A V/VP usually follows “要”.

如：

A：回家以后我要洗个热水澡。

B：我要先喝杯酒，然后再洗澡。

又如：

❶（办公室，秘书给别人打电话，对方说）

A：这件事太重要了。

B：是啊，一会儿我要告诉老板。

❷（两个人在飞机上）

A：我喜欢旅行。

B：我也是，明年我要去中国旅行。

句型 45：

……就要……了

该句型可以用于表示某事很快就会发生或出现。“就要”前一般是名词词语或代词词语，“就要”后一般是动词词语，表示马上要做某事。

This pattern indicates that something is going to happen soon. Before “就要” is usually a noun or pronoun and after it is a V/VP meaning something is going to happen.

如：

A：飞机就要起飞了，我走了，再见！

B：再见！ 一路平安！

又如：

❶（宿舍里，一个学生在学习，另一个要出门）

A：今天晚上体育场有一场球赛，你去不去看？

B：不去，我们就要考试了，我得复习。

❷（两个学生在路上）

A：我们快走吧，就要下雨了。

B：别担心，我有伞。

☞交际练习

（这个部分既可以提供教师课堂使用，也可以提供给学习者作为交际练习使用）

1. 问答

（1）下课以后，你想干什么？

（2）这个学期结束以后，你有什么计划？

（3）毕业以后你打算去哪儿？

2. 小组活动或课堂游戏

（1）两人一组，谈谈周末的安排。

（2）两人一组，圣诞节就要到了，打电话和朋友谈谈你们圣诞节的计划。

（3）两人一组，朋友约你去看电影，可是明天你有考试，你们会怎么说？

3. 课外活动或作业

（1）采访并汇报你的朋友们有哪些旅游计划。

（2）采访一家超市，记录并汇报他们即将推出哪些优惠活动。

（3）采访一家旅行社，记录并汇报即将推出的旅游线路。

二、叙述正在进行的动作行为

叙述正在进行的动作行为时，可以考虑选用以下句型：

句型 39：verb＋着

句型 47：……正在（正、在）＋verb（……呢）

句型 39：

◈verb＋着

该句型有三个语义功能，其中，语义功能 1 可以用于表示在某个时间正在发生的事情，verb 一般是能持续一段时间的动作。也可以在句子中加上“正”或“正在”，写做：“（正/正在）＋verb＋着（……）”或“（正/正在）＋verb＋着（……）（呢）”。verb 是能持续的动词，如“坐、笑、看”等。

This pattern has three semantic functions. The first one is used to tell an on-going action. Words like “正” or “正在” can be put in the pattern, i. e. , “(正/正在)＋verb＋着（……）” or “(正/正在)＋verb＋着（……）（呢）”. The verb here is usually a durative verb like “坐、笑、看”, etc.

如：

A：我正忙着准备考试呢，电视的声音能不能小一点儿？

B：对不起，我马上关电视。

又如：

❶（商场）

A：衣服还没有包好吗？ 请你快一点，我等着呢。

B：请稍等，我正包着呢，马上就好。

❷（餐馆儿）

A：服务员，菜我们不要了，我们要去另一个饭馆。

B：对不起，你们点的菜厨师正做着呢，您不能退了。

句型 47：

◈……正在（正、在）＋verb （……呢）

该句型有三种表达形式：1. “……在＋verb（……）”；2. “……正＋verb（……）”，这时前边或后边常常还有其他句子，表示同时发生的事情；3. 在句尾加“呢”，写成“……正在＋verb（……）呢”、“……在＋verb（……）呢”、“……正＋verb（……）呢”。“正在”前和 verb 后一般是名词词语，verb 是表示能够持续一段时间的动词。

This pattern has three variations. In “……在＋verb（……）” and “……正＋verb（……）” there are other sentences before and after them indicating an on-going action. The third variation is fromed by adding “呢” at the end of the sentence as in “……正在＋verb（……）呢”，“……在＋verb（……）呢” or “……正＋verb（……）呢”. Before “正在” and after the verb are usually Ns/NPs. Durative verbs are used in these patterns.

如：

A：小林，你在干什么？

B：我在做作业。

又如：

❶（妈妈接到小林朋友的电话）

A：您好，我能找一下小林吗？

B：请你等一会儿，他正在换衣服。

❷（一个人开门迎接朋友）

A：嗨，我正想给你打电话你就来了。有事吗？

B：我来请你参加今晚的舞会。

☞交际练习

（这个部分既可以提供教师课堂使用，也可以提供给学习者作为交际练习使用）

1. 问答

（1）你的同桌正在干什么？

（2）你出门的时候，你的父母正在干什么？

（3）现在你的父母正在干什么？

2. 小组活动或课堂游戏

（1）两人一组，轮流提问昨天某个时间对方正在干什么。

（2）老师提供多张漫画，学生抽签并介绍漫画中的人正在干什么。

（3）多人一组，一人做动作，其他人猜他正在干什么。

3. 课外活动或作业

（1）去一个公园，观察并记录当时公园的人正在干什么。

（2）选择一个时间，记录你的家人当时都正在干什么。

（3）去参加一个晚会，观察并记录你进门的时候其他人都正在做什么。

三、叙述过去已经进行的动作行为

叙述过去已经进行的行为动作时，可以考虑选用以下句型：

句型 24：……verb＋**了**……，**还**＋verb＋**了**……

句型 41－1－1：……**曾**（**经**）＋verb＋**过**（……）

句型 42－1：**已经**＋verb……**了**

句型 42－2：……**了**（……）

句型 43－1：**已经**……**了**，（……）

句型 43－2：**都**……**了**，（……）

◈……verb＋了……，还＋verb＋了……

用于叙述某人过去已经进行的行为动作，可以表示同时或先后进行了两次一样的动作，每次的动作对象不一样；也可以表示在一个行为动作之外还进行了另一个行为动作。第一个 verb 前和两个"了"之后一般都是名词词语，前后两个 verb 可以相同也可以不同。

This pattern is used to talk about past actions. It can mean someone does two things at the same time or does one thing after another.（It means someone does the same thing twice at one time or successively，involving two different objects. Sometimes two different actions may be involved.）Usually Ns/NPs are used before the first verb and after the two "了". The two verbs in this pattern can be same or different.

如：

A：你看到了什么？

B：我看到了一个人，还看到了一群羊。

又如：

❶（在超市出口遇到朋友，都拎着大包的东西）

A：你买了什么？

B：我买了三张光盘，还买了一件衣服。

❷（教学楼的走廊里，两个朋友相遇）

A：周末过得怎么样？

B：很好。我们看了京剧，还吃了一些小吃。

句型 41－1－1：

◈……曾（经）＋verb＋过（……）

用于表示过去的或已经结束的行为动作。否定形式用：没有＋verb＋过（……）。有时候，“曾经”也可以不说，否定时不用“曾经”，用“没/没有＋verb＋过”。“曾经”前和“过”后一般都是名词词语。

This pattern is used to talk about a past or complete action. The negative form is “没有＋verb＋过（……）” without “曾经”. Before “曾经” and after “过” are usually Ns/NPs.

如：

A：你曾经去过长城和故宫吗？

B：我曾经去过长城，但是，我没去过故宫。

又如：

❶（课堂上，学生举手问老师问题）

A：这个语法我们昨天上课时曾经学习过，也练习过。你怎么会完全不知道呢？

B：昨天我病了，没有上课。

❷（在家里，爸爸坐在沙发上，拿着不及格的试卷批评站在面前的儿子）

A：怎么又不及格？

B：对不起。我曾经想过要让你们为我骄傲，但是我失败了。

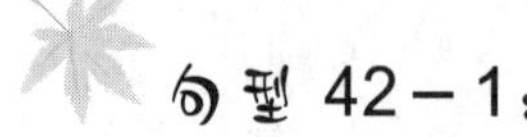

句型 42-1：

已经+verb……了

该句型有两个语义功能，其中，语义功能 1 可以用于叙述已经完成的行为动作。（语义功能 2 用于叙述已经开始的行为动作，详见下。）

This pattern has two semantic functions. One is used to talk about a finished action. (Details for Function 2, see below.)

如：

A：你怎么现在才来？ 我们已经下课了。

B：对不起，路上堵车。

又如：

❶（妈妈正在收拾餐桌，孩子刚回家）

A：妈妈，我饿死了！

B：怎么这么晚才回来。 我们已经吃完饭了。

❷（男女朋友见面，男的迟到了，女孩不高兴）

A：对不起，我又来晚了。

B：你已经三次来晚了，现在说“对不起”已经太晚了。

句型 42-1 语义功能 2 可以用于叙述已经开始的行为动作。

The other semantic function talks about an action that has started.

如：

A：五班的学生在哪儿？

B：他们已经出发了。

又如：

❶（妈妈在房间外面敲门，孩子正在穿衣服）

A：儿子，该起床了。

B：我已经起床了，马上就出来。

❷（经理助手急急忙忙跑来问坐在门外的秘书）

A：会议开始了吗？

B：已经开始了。

句型 42－2：

◈……了（……）

用于表示某种行为动作已经完成或开始。这个句型里不用“已经”，同样可以表示完成或开始。

This pattern means that an action has finished or started. Without “已经” it means the same.

如：

A：你们去了什么地方？

B：我们去了海边，去了山区，还去了草原。

又如：

❶（老师在教室门口招呼课间玩耍的学生）

A：上课时间到了！

B：我们快进教室吧！

❷（两个人站在窗前，面对春景）

A：春天来了。

B：是啊，草绿了，花也开了

句型 43－1：

◈已经……了，（……）

用于表示已经到某个时间或达到多长时间了。“已经”后是表示时间的词语，可以确切表示几点、几号、星期几、几月等；也可以表示时间的长短，如几个小时、几天、几个月等时间。“了”后可以是动词词语或小句子，如果说话人能明白，“了”后的内容有时候可以不说。

This pattern means it's already at a certain point of time or a certain period of time. After “已经” is a time expression indicating either a specific time like the hour, date, day of the week, month, or a duration of time, like several hours, days or months. After “了” is usually a V/VP or clause, which can be omitted when both sides in the conversation are clear about the context.

如：

A：已经12点了，你怎么还不睡觉？

B：我马上就睡。

又如：

❶（两个朋友打电话）

A：听说小王结婚了，是吗？

B：是，已经半年了。

❷（两个孩子抱怨父母）

A：我爸爸对我要求特别严格。

B：我妈妈也一样，我已经21岁了，可是她还不让我喝酒。

句型 43-2：

◈都……了，（……）

用于表示到某个时间了或者达到多长时间了，暗含应该出现某种情况或进行某种行为动作，实际上却没有。常用于表示不满或与常理不合。“都”后一般是表示时间的名词，可以是表示确切几点、几号的词，也可以是表示时间长短的词。“了”后一般是动词词语或小句子，如果说话人能明白，“了”后的内容有时候可以不说。

This pattern is used to say that it's already at a certain point of time or a certain period of time. It implies that something should have happened but didn't. It is usually used to indicate that the speaker is unhappy about something or that something is unusual. After “都” is a time expression, either a word of exact time or a word of a period of time. After “了” is usually a V/VP or clause, which can be omitted when both sides in the conversation are clear about the context.

如：

A：都8点了，你怎么还不起床？

B：我困着呢，我昨天晚上12点半才睡觉。

又如：

❶（学生宿舍，一学生在收拾行李，对另一个学生说）

A：真高兴，终于可以回家了。

B：都一年了，是应该回家看看。

❷（两个女孩儿谈心）

A：我喜欢三班的那个男生，但是不好意思跟他说。

B：怕什么？ 都21世纪了，思想还那么不开放。

☞交际练习

（这个部分既可以提供教师课堂使用，也可以提供给学习者作为交际练习使用）

1. 问答

（1）你去过北京吗？

（2）你以前学过汉语吗？

（3）现在已经几点了？

2. 小组活动或课堂游戏

（1）两人一组，谈谈过去一个星期做了什么。

（2）两人一组，谈谈自己的旅游经历。

（3）多人一组，一人提出过去的某个时间，其他人叙述那个时间发生的国内外大事或自己的经历。

3. 课外活动或作业

（1）采访爷爷奶奶或自己认识的老人，让他们讲讲过去的经历。记录并汇报。

（2）写一份总结，总结自己在过去的一年里做过哪些有意义的事。

（3）采访几位朋友，记录他们不满意的、不符合时代特点的现象（用“都……了”或“已经……了”）。

四、叙述一方致使另一方进行的行为动作

叙述一方致使另一方进行的行为动作时，可以考虑选用以下句型：

句型 37：……**给**……＋verb（……）
句型 46－1：……**请**……＋verb（……）
句型 46－2：……**让**……＋verb（……）
句型 46－3：……**叫**……（＋verb）……
句型 65：……**使**……

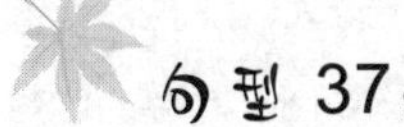

句型 37：

……给……＋verb（……）

该句型有两个语义功能，其中，语义功能 2 表示被动，用于引进动作、行为的发出者，叙述一方致使另一方进行的行为动作。“给”前后一般都是名词词语，verb 后一般是表示行为动作结果的词语。这时“给”有“被”的意思。

This pattern has two semantic functions. The second one is used to introduce the subject of an action and an action caused by someone else. Ns/NPs are used before and after “给”. Following the verb is a word indicating the result of the action.

如：

A：前面怎么堵车了？
B：好像有个人给汽车撞伤了。

又如：

❶（家里，弟弟抱着淇淋凌盒子，姐姐生气地指着他，妈妈问）

A：你们俩为什么吵架？ 妈妈快要给你们气死了。
B：冰箱里所有的冰淇淋都给弟弟吃光了，他一点儿都没有给我留下。

❷（一只小狗被几个孩子抓住了）

A：快看，那只小狗给几个孩子逮住了。

B：真不像话，小狗的毛都给几个孩子弄湿了。

句型 46－1：

◈……请……＋verb（……）

该句型有两个语义功能，其中，语义功能 2 可以用于叙述一方致使另一方进行的行为动作，表示请某人做某事。verb 可以是“帮忙”等，语气较为客气。“请”前后一般都是表示人的名词词语，“请”前的词语所表对象发出“请”的行为动作，“请”后词语所表对象接受“请”，verb 是“请”后词语所表动作发出的动作行为，verb 后可能是表示人的，也可能是表示其他事物的名词词语。

This pattern has two semantic functions. The second one is to say one person asks the other to do something (usually a favor). The verb is usually a word showing politeness like “帮忙”. Before and after “请” are both nouns or personal pronouns. The word before “请” is the subject who asks for a favor. The word after “请” is the object who is asked to do this favor, which is also the subject of the verb. Following the verb can be someone or something.

如：

A：今天我得晚一点儿回家，老张请我帮他修电脑。

B：好吧，别太晚了。

又如：

❶（两个朋友打电话）

A：明天你有什么安排？

B：我们请李先生明天上午来学校演讲，你也来听吧。

❷（小王的汽车在路上坏了，他在向一位先生求助）

A：先生，请你帮我一个忙，我的车坏了。

B：别着急，我们先把车推到路边。

句型 46－2：

◇……让……＋verb（……）

可以用于叙述一方致使另一方进行的行为动作，表示要求某人做某事。“让”前后往往是表示人（或动物）的名词词语，该句型表示某人要求他人做某个行为动作。

This pattern means one person requests another to do something. Before and after “让” are Ns/NPs indicating people. The verb indicates an action of the person after “让”.

如：

A：喂，别让你的狗在这撒尿。

B：对不起！ 我马上带它走。

又如：

❶（放学了，两个学生走出教室，一个孩子抱着球）

A：走，踢球去！

B：今天不去了，妈妈让我早点儿回家。

❷（餐馆，点菜，顾客对服务员说）

A：你让厨师少放点儿辣椒，我们都不太喜欢吃辣。

B：好的。

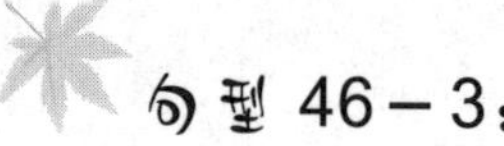

句型 46－3：

◈……叫……（＋verb）……

该句型有两个语义功能，其中语义功能 1 用于叙述一方致使另一方进行的行为动作，表示要求某人做某事。“叫”前后都是表示人的名词词语，verb 后可能是表示人的，也可能是表示其他事物的名词词语。

This pattern has two semantic functions. The first one means one person asks the other to do something. Before and after “叫” are both Ns/NPs indicating human beings. Following the verb can be someone or something.

如：

A：小张，老板叫你赶快去他办公室。

B：好的，我马上就来。

又如：

❶（厨房起火了，妈妈对孩子说）

A：快叫你爸爸来帮忙灭火。

B：好的。爸爸，厨房起火了！

❷（一个学生在操场打篮球，另一个学生跑过来）

A：喂，大卫，老师叫我通知你，明天早上 8 点去参观博物馆，

B：好的，谢谢你！

句型 65

◈……使……

该句型可用于表示一方致使另一方进行的行为动作。“使”前一般是表示人或事物的名词或代词，“使”后一般是句子，表示被致使对象进行的行为动作。

This pattern is to say that a person or an event causes something to happen. Before “使” is usually a N/NP indicating someone or something and after it is a clause referring to the action caused to happen.

如：

A：祝贺你获得了第一名。

B：谢谢！ 这次获奖使我对自己更有信心了。

又如：

1（两个人在打电话）

A：小张出事了，一场车祸使他失去了左腿。

B：我也听说了，多可怜啊。

2（机场候机厅有很多人，其中两位乘客在说话）

A：我们什么时候才能上飞机啊?

B：很难说，这场大雪使很多航班都延误了。

交际练习

（这个部分既可以提供教师课堂使用，也可以提供给学习者作为交际练习使用）

1. 问答

（1）上课的时候，有个问题你没听清楚，怎么办?

（2）电脑坏了，自己不会修，怎么办?

（3）下周是母亲节，可是你没有时间亲自给妈妈送礼物，怎么办?

2. 小组活动或课堂游戏

（1）把老师的要求转告你的朋友：星期一去老师的办公室。

（2）爷爷病了，请转告他医生的意见：以后一定不要再抽烟喝酒了。

（3）妈妈在厨房做饭，让你告诉爸爸去帮忙。

3. 课外活动或作业

（1）采访几位朋友，记录并汇报他们认为飞机晚点会造成哪些影响。

（2）采访几位老人，记录并汇报他们有困难的时候怎么办。

（3）采访几位素食者，记录并汇报吃素对他们有什么好处。

五、叙述一方所做的有益于另一方的行为动作

叙述一方所做的有益于另一方的行为动作时，可以考虑选用以下句型：

句型 37：……**给**……＋verb（……）

句型 38：……**为**……＋verb……

句型 37：

◈……**给**……＋verb（……）

该句型有两个语义功能，其中，语义功能 1 可以用于引进行为、动作的受益者、接受者，叙述一方所做的有益于另一方的行为动作。“给”前后的词语以及 verb 之后的词语都是名词词语。verb 表示“给”前词语所表对象进行的行为动作，“给”后词语所表对象受益于这一行为动作，verb 后词语表示 verb 的对象。

This pattern has two semantic functions. The first one is to introduce the beneficiary or recipient of an action and tells that someone benefits from what someone else has done for him or her. The words used before and after “给” as well as after the verb are all Ns/NPs. The verb refers to the action of the person before “给” and the word after “给” is the beneficiary of the action. The word after the verb is its object.

如：

A：大夫，我的病严重吗？

B：别担心。我给你打一针，再给你拿点药吃就没事了。

又如：

❶（超市里，两人各推着一辆购物车）

A：你给家人买了什么礼物？

B：我给弟弟买了一个玩具，给爸爸买了一些茶叶。

❷（学生宿舍，一个人推门进来，室内的一个问）

A：你去哪里了？不是说好你在宿舍等我一起去邮局吗？

B：对不起，我刚刚给小王送去了一本书，他要得很着急。

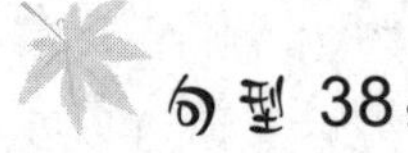

句型38：

◈……为……＋verb……

该句型有两个语义功能，其中，语义功能 2 可以用于引进动作、行为的受益者，叙述一方所做的有益于另一方的行为动作。“为”前一般是名词词语，“为”后可以是名词词语、动词词语或小句子。

This pattern has two semantic functions. The second one is to introduce the beneficiary of an action and tells that someone benefits from what someone else has done for him or her. A N/NP is usually put before “为” and a N/NP, V/VP or clause is put after.

如：

A：请你为我打开这个罐头好吗？

B：没问题。

又如：

❶（宿舍，一个人生病躺在床上，一个人端水给他）

A：大卫，你感觉好一点了吗？ 我刚刚为你倒了一杯开水，快吃药吧。

B：太感谢你了，没有你帮忙的话，我真不知该怎么办了。

❷（博物馆里，两个学生一边参观一边讨论）

A：听说古代中国的妇女都不工作，是吗？

B：是的，那个时候，她们总是呆在家里为丈夫洗衣服、做饭。

☞交际练习

（这个部分既可以提供教师课堂使用，也可以提供给学习者作为交际练习使用）

1. 问答

（1）朋友生病了，怎么帮忙？

（2）孩子长大了可以为父母做什么？

（3）我们可以为福利院的孩子们做什么？

2. 小组活动或课堂游戏

（1）两人一组，一人提出某种困难情况，另一人说出可以怎么帮忙。

（2）在马路上，有辆车坏了，司机请路人帮忙。

（3）朋友的生日快要到了，和其他朋友一起商量怎么庆贺。

3. 课外活动或作业

（1）采访几位朋友，记录并汇报他们看到街上的乞丐会怎么做。

（2）采访几个小孩子，记录并汇报他们在母亲节、父亲节的时候会为父母做什么。

（3）采访一家老人院，记录并汇报他们怎么让老人过得舒服。

六、叙述双方共同进行的行为动作

叙述双方共同进行的行为动作时，可以考虑选用以下句型：

句型 19：……**和**……（**一起**）＋verb（……）

句型 46－1：……**请**……＋verb（……）

句型 46－4：……**约**……＋verb（……）

句型 54：……**跟/和**……**见面/约会**

……**见面/约会**

句型 19：

◈……和……（一起）+verb（……）

该句型有两个语义功能，其中语义功能 1 可以用于双方共同进行的行为动作。“和”前后一般都是表示人的名词词语，verb 后一般是 verb 的对象。

This pattern has two semantic functions. Function one means two sides do something together. A N/NP indicating human beings is put before and after “和”, while the object of an action is put after the verb.

如：

A：周末怎么安排？

B：我要和女朋友（一起）去逛街。

又如：

❶（在公共汽车站，一个背着旅行包的人站在那里，一个路过的熟人问）

A：你一个人去长城吗？

B：不，我和李力一起去，他在前面等我呢。

❷（老板在向另一个人布置工作）

A：明天你和小李一起去趟上海。

B：好的，我马上去准备。

句型 46－1：

◈……请……+verb（……）

该句型有两个语义功能，其中，语义功能1可以用于表示请客。“请”前后都是表示人的名词词语，“请”前的词语表示发出邀请的人，“请”后的词语表示受到邀请的人，后者和前者共同做 verb 表示的行为动作，“verb（……）”常常是“吃饭、喝茶、看电影”等等。

This pattern has two semantic functions. The first one means someone treats other(s) to do something. The inviter is put before “请” and the invitee is put after. Both parties do something together which is indicated by the verb such as “吃饭、喝茶、看电影”, etc.

如：

A：你今天怎么回来晚了？

B：小王请我喝咖啡，我们一直在咖啡厅聊天。

又如：

❶（两个朋友打电话）

A：下午有空儿吗？ 我请你喝茶。

B：好啊。

❷（丈夫喝醉了，摇摇晃晃进门，妻子搀扶着他，问）

A：在哪儿喝酒了？ 醉成这样。

B：老张请我们几个人吃饭，一高兴就多喝了几杯。

句型 46－4：

◈……约……＋verb（……）

用于表示跟某人约定做某事。“约”前后都是表示人的名词词语，verb 后也是名词。句型表示某人和他人约定做 verb 表示的行为动作，注意：不能说“……约会……”。

This pattern means someone makes an appointment with other(s) to do something indicated by the verb. A N/NP indicating human beings is put before and after “约”，and the verb is followed by a noun as well. Here you cannot say “……约会……”.

如：

A：你打扮得这么漂亮，要出门吗？
B：是啊，有人约我去看电影。

又如：

❶（妈妈在摆放茶具，孩子问妈妈）

A：有客人要来吗？
B：是啊，我约一个朋友来喝茶。

❷（两个学生在学校走廊里见面，一个问）

A：你要去哪儿？
B：我去张老师的办公室，她约我去谈谈学习的事。

句型 54：

……跟/和……见面/约会
……见面/约会

可以用于说明两个人或几个人约会、见面。“跟/和”的前后都是表示人的名词词语；有时也可以不用“……跟/和……”，而是用表示两个人或者更多人的名词词语，如“大家”“我们”等。注意：不能说“……约会……”、“……见面……”。

These patterns may mean a date or appointment between two or more people. What comes before and after “跟/和” are Ns/NPs indicating human beings. Sometimes Ns/NPs indicating two or more people such as “大家、我们” can take the place of “……跟/和……”. Here you cannot say “……约会……” or “……见面……”.

如：

A：你什么时候和他见面？

B：我们明天下午见面。

又如：

❶（在酒吧遇见朋友）

A：他是你的男朋友吧？

B：是，我和他常常来这儿约会。

❷（办公室，经理告诉秘书）

A：尽快把相关的文件整理好，明天我要和对方公司的老板见面。

B：好的。

☞交际练习

（这个部分既可以提供教师课堂使用，也可以提供给学习者作为交际练习使用）

1. 问答

（1）你的午饭一般会和谁一起吃?

（2）你希望和谁一起去旅行?

（3）周末不想一个人过的话，怎么安排?

2. 小组活动或课堂游戏

（1）两人一组，约定周末的活动。

（2）两人一组，打电话告诉对方晚会的事。

（3）两人一组，谈谈自己的一次有意思的约会。

3. 课外活动或作业

（1）调查几位朋友，记录并汇报他们一般会和谁去看新上映的电影。

（2）调查逛商场的人，他们一般是几个人来，和谁一起来。

（3）调查同班同学，他们最理想的合作者是什么样的人，想合作什么事。

七、叙述单方进行的行为动作

叙述单方进行的行为动作时，可以考虑选用以下句型：

句型 3－1：……＋verb（……）

句型 4－2－2：……**想**……

句型 4－3：……**要**……

句型3－1：

◈……＋verb（……）

该句型的基本语义功能是表示某人做某事。

The basic semantic function of this pattern is to say that someone does something.

如：

A：你喝牛奶吗？

B：喝。

又如：

❶（周末的早上，一个背着旅行包赶路的人碰到朋友，于是问朋友）

A：我去长城，你去吗？

B：我不去长城，我去书店。

❷（在商店门口，两个人正往里走，其中一个问）

A：你来买什么？

B：我买水果和蔬菜。

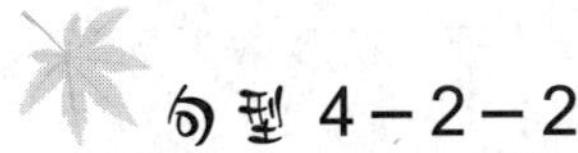

句型 4－2－2：

◈……想……

该句型表示考虑、思考。“想”前常常是表示人的名词或代词词语，“想”后可以是名词短语，也可以是动词短语或小句。“想”表示“思考”这个意思时，一般不单用。

This pattern means someones is thinking about something or doing something. A noun or personal pronoun goes before “想” and a N/NP, V/VP or clause goes after. When “想” means “思考”, it cannot be used alone, but together with “在、正在”.

如：

A：经理，张老板又来要债了。怎么办？

B：知道了，我正在想办法。

又如：

❶（学生宿舍，一个学生躺在床上，另一个学生问）

A：你干什么呢？

B：我在想周末去哪儿玩。

❷（课堂上，老师提问）

A：小李，你来回答这个问题。

B：对不起，请让我想一想。

句型 4－3：

……要……

句型 4－3 有三个语义功能，其中，语义功能 1 可以用于表示需要或要求得到，这时“要”的后面往往是名词词语，比如：我要一个面包。“要”前多数是表示人的名词词语，“要”后常常是表示东西的名词词语。

This pattern has three semantic functions. The first one is to say that someone needs or requests to obtain something, in which case “要” is usually followed by a N/NP. For example, “我要一个面包。” The person who requests a thing goes before “要” and the thing requested goes after.

如：

A：先生，请问您想要点儿什么？

B：我要一个套餐，一份沙拉。

又如：

❶（孩子和妈妈在玩具商店里，孩子对妈妈说）

A：我要那个汽车。

B：今天不行，等你过生日的时候，我们再买那个汽车好吗？

❷（两个人在冷饮店里排队）

A：我来一杯可口可乐，你要什么？

B：我要冰淇淋。

☞交际练习

（这个部分既可以提供教师课堂使用，也可以提供给学习者作为交际练习使用）

1. 问答

（1）你在想什么？

（2）我们的工作遇到了麻烦，怎么办？

（3）妈妈去超市买东西，你想要点什么？

2. 小组活动或课堂游戏

（1）三四个同学一组，表演在餐馆点菜。

（2）两人一组，一人要去商店，另一人请他顺便带点儿东西。

（3）一个人假装不能说话，只用手势、表情表演他想要的东西，其他人猜猜他想要什么。

3. 课外活动或作业

（1）调查幼儿园的孩子，记录并汇报如果去超市，他们要什么玩具。

（2）和几个朋友一起去中餐馆吃饭，记录并汇报他们每个人点的菜是什么。

（3）采访快餐店老板，客人们一般要哪几种快餐。

八、叙述两方或多方进行的相同的行为动作

叙述两方或多方进行了相同的行为动作时，可以考虑选用以下句型：

句型 3－3：……**也**＋verb（……）

句型 3－4：……**都**＋verb（……）

句型 3－3：

……也＋verb（……）

该句型表示某人跟别人做一样的事，在动词前加“也”，句型写为“……也＋verb（……）”。这时，句型可以用于叙述两方或多方进行、将要进行或已经进行了相同的行为动作。

This pattern is formed by adding “也” in front of the verb as in “……也＋verb（……）”, which means someone does, is going to do or has done the same thing as others.

如：

A：爸爸喝牛奶，你喝吗？

B：我也喝牛奶。

又如：

❶（操场上，健身器材旁，两个人边锻炼边聊天）

A：我喜欢跑步、游泳，你呢？

B：我也喜欢跑步，但是不会游泳。

❷（在餐厅，一个人问朋友）

A：我喝啤酒，你要什么饮料？

B：我也喝啤酒。

句型 3－4：

◇……**都**＋verb（……）

该句型用于表示很多人或者每个人做相同的事，在动词前加“都”，句型可写为“……都＋verb（……）”。

By adding “都” in front of the verb，this pattern indicates that many people or all the people have done the same thing.

如：

A：可以出发了吗？

B：可以，我们班的学生都来了。

又如：

❶（教学楼的走廊，学生问老师）

A：老师，我们这次考试的成绩怎么样？

B：恭喜你们，你们都通过了考试。

❷（办公室，学生犯错了，老师说）

A：我要和你父母谈谈。

B：现在不行，他们都出差了。

☞交际练习

（这个部分既可以提供教师课堂使用，也可以提供给学习者作为交际练习使用）

1. 问答

（1）老师要找爸爸妈妈谈话，可他们去旅行了，你怎么说？

（2）你的朋友很喜欢看电影，你喜欢吗？

（3）北京的冬天很冷，你的家乡冬天冷吗？

2. 小组活动或课堂游戏

（1）两人一组，谈谈个人爱好，记录并汇报你们的共同点。

（2）两人一组，谈谈各自的偶像，看看他们之间有没有相同之处。

（3）两三个人到前面表演动作，其他同学叙述他们在做什么。

3. 课外活动或作业

（1）观察并记录某种舞蹈或武术表演的情况。

（2）观察幼儿园的孩子做游戏，记录并汇报游戏情况。

（3）调查你的同学业余时间有哪些休闲活动，记录并汇报同学间的共同点。

九、叙述一方对另一方进行的行为动作所涉及的对象

叙述一方对另一方进行的行为动作所涉及的对象时，可以考虑选用以下句型：

句型15：……给（给、送、送给……）……＋（数量词）……

句型15：

◈……给（给、送、送给……）……＋（数量词）……

可以用于表示某人给别人东西。“给”前后以及“数量词”后都是名词词语，“给”前后一般是表示人的名词词语，“数量词”后多数是表示东西的名词词语。“给”前词语一般表示给东西的人，“给”后词语一般表示得到东西的人，最后是表示东西的词语，如果想说东西的数量，就在该词语的前边加上数量词。

This pattern means someone gives something to other(s). The giver goes before “给” and the receiver goes after, which is followed by the thing given. If needed, a quantifier can be put in front of the given thing.

如：

A：妈妈送给你什么礼物？

B：妈妈送给我一辆自行车。

又如：

1 (两个好朋友在街上谈另一个人的生日)

A：明天是王小明的生日，我们送他什么礼物？

B：我们送给他一本书吧。

2 (两位带着口罩的清洁工在卫生间打扫卫生，其中一位对另一位说)

A：请给我一条毛巾。

B：好的。

☞交际练习

（这个部分既可以提供教师课堂使用，也可以提供给学习者作为交际练习使用）

1. 问答

（1）圣诞节的时候，你希望圣诞老人送你什么礼物?

（2）母亲节的时候，你打算怎么祝福妈妈?

（3）同学生日的时候，你会送给他什么?

2. 小组活动或课堂游戏

（1）三四个人一组，商量给福利院的孩子送什么礼物。

（2）三四个人一组，商量一下带点什么东西给老人院的老人。

（3）两人一组讨论，路上遇到一个乞丐，你会给他什么? 应该给他什么?

3. 课外活动或作业

（1）调查不同年龄的人，看看他们在节日的时候最希望得到的几种礼物是什么。

（2）调查不同年龄的孩子，看看他们在父亲节、母亲节时送父母什么礼物。

（3）采访自己的同学，有朋友生病的话，带什么东西去看望他。

描 述

描述的内容包括很多方面，比如：描述行为动作的条件、结果、数量、持续的时间、趋向等。分别介绍如下：

Describing

This part covers many topics. For example, you can describe the condition, result, number, duration or tendency of an action.

一、描述行为动作的条件

描述行为动作的条件时，可以考虑选用以下句型：

句型 5：……＋adverbial phrases＋verb＋……

句型 5：

◈……＋adverbial phrases＋verb＋……

该句型有四个语义功能，其中语义功能 1 可以用于描述行为动作发生的时间，此时 verb 前的 adverbial phrases 是表示时间的词语。（语义功能 2，3，4 分别可以用于描述行为动作发生的处所、方式、工具等。此时 verb 前的 adverbial phrases 分别是表示处所、方式、工具等的词语。详见下。）

This pattern has four semantic functions. The first one tells the time of an action, with the adverbial phrases indicating a time. (With different adverbial phrases, Function 2, 3, 4 can be used to describe the place, manner, and instruments of an action. For details, see below.)

如：

A：你们经理到底什么时候回办公室？

B：请稍等，经理 10 分钟以后就回办公室。

又如：

❶（一个人问机场的工作人员）

A：飞机什么时候起飞？

B：飞机 2 点 30 分起飞。

❷（两个人在看电视，其中一个问）

A：天气预报几点开始？

B：8 点。

句型 5 语义功能 2 可以用于表示动作发生的处所。 adverbial phrases 是表示地方的词语，这时候 adverbial phrases 里常有介词“在”“从”等。

The second semantic function of this pattern talks about the place of an action. The adverbial phrases usually contain prepositions such as “在” “从”.

如：

A：请问，你在哪儿下车？

B：我在第三大街下车。

又如：

❶（两个人在酒吧相识，其中一个问）

A：你在哪儿工作？

B：我在汽车公司工作。

❷（两个人打电话）

A：你在哪儿等我呢？ 我怎么看不到你？

B：在商店门口。

句型 5 语义功能 3 可以用于表示动作的方式。 adverbial phrases 常常是动词词语，表示怎么样做一件事。

The third semantic function of this pattern talks about the manner of the action. The adverbial phrases are usually V/VPs indicating how something is done.

如：

A：这么大的石头，他们怎么运来的？

B：听说他们是在路面结冰的时候把石头拉来的。

又如：

❶（在商店门口，一个人买了很多东西，另一人问）

A：这么多东西，你怎么回去？

B：我坐出租车回去。

❷（两个公司的人谈生意）

A：你们怎么送货？

B：我们通过别的公司送货。

句型 5 语义功能 4 可以用于表示动作使用的工具。 adverbial phrases 里有表示工具的名词，同时这些名词前有“用”“拿”等词语。

The fourth semantic function of this pattern talks about the instrument with which someone does something. The adverbial phrases here usually contain words like “用、拿” followed by nouns indicating the instrument.

如：

A：真漂亮，你怎么画的？

B：我用电脑画的。

又如：

❶（西餐馆，两个人在饭馆，外国朋友问）

A：听说中国人很少用刀、叉吃饭。

B：是啊，吃中餐时一般都用筷子。

❷（两个人在艺术馆看大型雕塑）

A：这么大的雕塑，怎么运来的？

B：用大卡车运来的。

☞交际练习

（这个部分既可以提供教师课堂使用，也可以提供给学习者作为交际练习使用）

1. 问答

（1）我们这个学期什么时候考试？

（2）你每天怎么来学校？

（3）你一般是用筷子还是刀叉吃饭？

2. 小组活动或课堂游戏

（1）老师准备多张卡片，每人抽取一张，描述上面的人在做什么。

（2）两人一组，一人说出一种动作，另一人为此动作补充时间、处所、工具、方式。（如：学习——我在教室学习。/我每天10点学习。）

（3）一人模仿使用工具劳动，其他人描述他的动作。

3. **课外活动或作业**

（1）采访你的同学，记录并汇报他们用什么办法学习汉语。

（2）采访附近超市的服务员，记录并汇报超市什么时间有优惠活动。

（3）采访你学校的学生，记录并汇报他们一般在什么地方学习、写作业。

二、描述行为动作的结果

描述行为动作的结果时，可以考虑选用以下句型：

句型 6－2：……＋verb＋**表示结果的词语**（complement）（＋……）＋（**了**）

句型 6－4－1：……＋verb＋**得**（＋**不**）＋（**表示程度的词语**）＋**形容词**

句型 7－1：……**把**……＋verb……

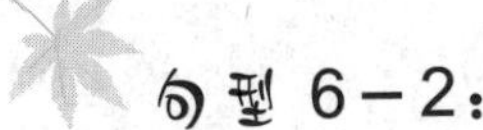

句型 6－2：

……＋ verb＋**表示结果的词语**（complement）（＋……）＋（**了**）

该句型有两个语义功能，其中，语义功能 1 可以用于描述行为动作的结果，verb 前一般是名词性词语，表示动作的发出者。complement 表示 verb 的结果，有时后面也可以带表示行为动作涉及的对象的名词性词语。（语义功能 2 可以用于描述某人或某物承受了某种行为动作带来的后果，详见下。）

This pattern has two semantic functions. The first one is to describe the result of an action. The subject of the action goes before the verb, and this verb is usually followed by a complement and N/NP which indicate the result and object of the action respectively.（Details for Functon 2, see below.）

如：

A：你看懂了吗？

B：我看懂了。

又如：

❶（孩子告诉妈妈）

A：妈妈，我整理好我的房间了。

B：是吗，太好了。

❷（秘书向经理道歉）

A：对不起，我刚才打破了一个杯子。

B：没关系，下次小心。

句型6－2语义功能2可以用于描述某人或某物承受了某种行为动作带来的后果。有被动的意思，表示某人或某物承受verb所表示的行为动作，complement仍表示动作的结果。verb后不再有表示行为动作对象的名词性词语。

The second semantic function is to describe that someone or something is affected by the action. The complement after the verb indicates the result of the action, but the object of this action does not come up any more.

如：

A：我昨天买的那本书你放在哪儿了？

B：噢，那本书放在书柜里了。

又如：

❶（下雨，一个人从外面进来，屋里的人说）

A：外面雨很大吧？ 你的衣服湿透了。

B：是啊，我忘了带伞。

❷（邻居在门口见面）

A：听说你正在搬家，要我帮忙吗？

B：不用了，东西都已经搬走了。

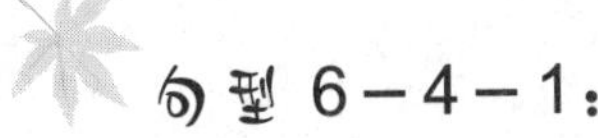

句型 6－4－1：

◇……＋ verb＋得（＋不）＋（表示程度的词语）＋形容词

该句型有两个语义功能，其中语义功能 1 可以用于表示 verb 进行得怎么样，做得怎么样。 verb 前一般是句子的主语，表示动作的发出者，verb 后面有宾语的时候一般要重复动词，写成“verb＋宾语＋verb＋得（＋不）＋（表示程度的词语）＋形容词”。 肯定时是“verb＋得＋（表示程度的词语）＋形容词”，否定时是“verb＋得＋不＋（表示程度的词语）＋形容词”，在这个句型里可以用“表示程度的词语”，比如“比较”“很”“十分”“非常”等。（语义功能 2 可以用于表示被动，表示某人、某事或某物被处置得怎么样，详见下。）

This pattern has two semantic functions. The first one is to describe how something is going on. What goes before the verb is the subject of the action, which is also the subject of the sentence. When the verb is followed by an object, then this verb needs to be repeated as in “verb＋object ＋verb＋得（＋不）＋（表示程度的词语）＋形容词”. Here “表示程度的词语” are words like “比较、很、十分、非常” which indicate the degree or extent. The positive form of this structure is “verb＋得＋（表示程度的词语）＋形容词” and the negative one is “verb＋得＋不＋（表示程度的词语）＋形容词”.（Function 2 is to describe a result of action. For details, see below.）

如：

A：你女儿长得很高。

B：是啊，她像她爸爸。

又如：

❶（姐弟俩在打扫房间，邻居路过，问姐姐）

A：小弟弟也会打扫房间吗?

B：会，他打扫房间打扫得很干净。

❷（中外学生交流会，大卫问一个中国人）

A：我说汉语说得清楚吗?

B：你汉语说得不是很清楚。

句型6-4-1语义功能2可以用于表示被动，表示某人、某事或某物被处置得怎么样。句子的主语是verb所表示的行为动作的对象，整个句子表示被动。

The second semantic function uses the passive voice, indicating that how someone or something is dealt with. The subject of the sentence is the object of the action expressed by the verb.

如：

A：你怎么样?

B：我很累，东西带得太多了。

又如：

❶（家长会上，妈妈问老师）

A：大卫的作业写得怎么样？

B：大卫的作业写得很好。

❷（厨房，一个人在学做饭，对另一个说）

A：你尝尝，这是我做的中国饭。

B：嗯，这饭做得很好吃。

句型 7－1：

◈……把……＋verb……

该句型有五个语义功能，其中，语义功能 1 可以用于表示某人、事、物通过某种行为动作把另一人、事、物怎么样了。“把”前后都是名词词语，verb 后边一定有表示结果的词语，例如：形容词、表示方向的词、介词、表示地方的词，或者是“了”等。（语义功能 2 可以用于表示某人、事、物通过某种行为动作使某人、事、物到了某个新的地方；语义功能 3 可以用于表示某人、事、物通过某种动作使某人、事、物到了别人手中；语义功能 4 可以用于表示某人、事、物通过某种动作使某人、事、物发生变化；语义功能 5 可以用于表示时间短、随便的动作，可用来请别人、要求别人做一件事，详见下。）

This pattern has five semantic functions. The first one is to describe how someone or something affects someone or something else by certain action. Ns/NPs are used before and after “把”. There must be certain words indicating the result that follows the verb, such as “了”, adjectives, prepositions or words of directions or places.（Details for Function 2, 3, 4, 5, see below.）

如：

A：实在对不起，我把你的电脑弄坏了。

B：什么？我的电脑里有很多重要资料。快想办法吧。

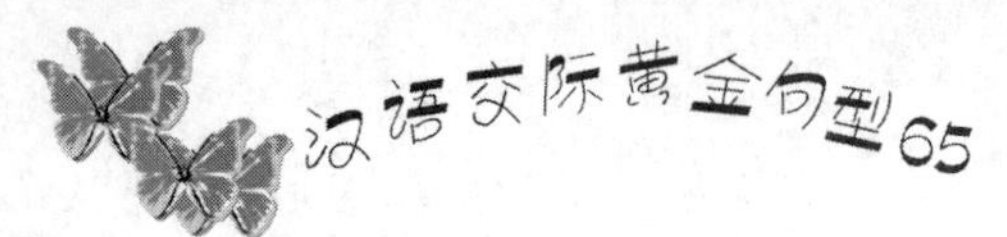

又如：

❶（教室里，老师正在上课，学生们都很热）

A：老师，我们可以把空调打开吗？

B：好，把空调打开吧。

❷（家里，孩子哭着回家，妈妈问）

A：好孩子，怎么哭了？

B：大卫把我的玩具汽车弄坏了，还把我的衣服弄脏了。

句型 7－1 语义功能 2 可以用于表示某人、事、物通过某种行为动作使某人、事、物到了某个新的地方。“把”前的词语表示发出动作的人，“把”后的词语表示承受动作的对象，verb 后面常常有表示“地方”的词语，有时是“介词＋地方”，比如“在＋家”“在＋学校”“到＋商店”等词语；有时是“方向＋地方”，比如“上＋楼”“下＋山”“进＋房间”“进＋房间＋来”等，如果表示“方向”的词是“上来”“下来”“进来”“出去”这样的词语，表“地方”的词语要放在中间，例如“上＋楼＋来”。句型可以写成“……把……＋verb＋介词＋地方”或“……把……＋verb＋方向（＋地方）”。

The second semantic function is to describe that someone or something moves someone or something else to a new place by certain action. The subject of the action goes before “把” and the object goes after. The verb is usually followed by words or phrases of a place. This part can be “介词＋地方” like “在＋家”“在＋学校”“到＋商店”, or “方向＋地方” like “上＋楼”“下＋山”“进＋房间”“进＋房间＋来”. If the words of “方向” are those like “上来”“下来”“进来”“出去”, then the words of “地方” should be put in between as in “上＋楼＋来”.

如：

A：圣诞节前后，你们都有什么活动？

B：圣诞节前的那天晚上，父母会偷偷地把礼物放在圣诞树下面，把圣诞袜挂在孩子的床头。圣诞节那天，圣诞老人会把糖果分给孩子们。

又如：

❶（刚刚搬了新的宿舍，两个学生正在整理房间）

A：大卫，请帮我把桌子上的那几堆书放进书柜里。

B：好的，那你把我们的行李箱都放到床底下吧。

❷（厨房里，大卫在教同屋做菜）

A：这蒸鸡蛋真好吃，快教教我怎么做吧。

B：蒸鸡蛋很简单。你先把鸡蛋打在这个碗里，然后把葱、姜和各种调料放进去，搅拌一下，把搅拌好的鸡蛋放进微波炉蒸五分钟就可以了。

句型 7－1 语义功能 3 可以用于表示某人、事、物通过某种动作使某人、事、物到了别人手中。“把”前的词语一般表示动作的发出者，“把”后的词语一般表示动作的承受者，verb 是“寄”“卖”“带”“拿”“交”“送”“发”这样的动词，verb 后常常用“给＋某人”，句型可以写成“……把……＋verb＋给……”，“给”后常常是表示人的词语，表示该人得到某物。

The third semantic function is to describe that someone or something gets to other(s) by certain action. The subject of the action goes before “把” and receiver of the object goes after. The verbs used in this pattern are often those like “寄”“卖”“带”“拿”“交”“送”“发”, followed by “给＋某人”. Thus the pattern is “……把……＋verb＋给……”, in which “给” is usually followed a noun of person who gets the object.

如：

A：妈妈，我可以帮什么忙?

B：请帮我把咖啡端给爸爸，把三明治端给姐姐，把苹果派端给弟弟。

又如：

❶（礼品店里，大卫在安排送礼物）

A：先生你好，我们可以为您做什么?

B：请你们把这束花送给我的妈妈，把这盒巧克力送给我的弟弟。今天是他们俩的生日。

❷（教室里，考试刚刚结束，老师在收试卷）

A：考试结束，请赶快把试卷交给老师。老师明天上课时会把考试的成绩带给你们。

B：再见老师。

句型7－1语义功能4可以用于表示某人、事、物通过某种动作使某人、事、物发生变化。“把”前的词语表示动作的发出者，“把”后的词语是动作的承受者，verb后常常有表示变化结果的词语，句型可以写成“……把……＋verb＋成……”。其中“成”后一般是名词，是行为动作最后造成的结果。

The fourth semantic function is to describe that someone or something causes someone or something else to change through an action. The receiver of the action follows “把” and the verb is usually followed by words indicating the result of the change. Thus the pattern can become “……把……＋verb＋成……”.

如：

A：大火把这个美丽的公园烧成了一片废墟。

B：真是太可惜了。政府应该尽快把公园恢复成原来的样子。

又如：

❶（办公室，老师间讨论）

A：你看，错误的教育把一个聪明的孩子变成了傻瓜。

B：教育方式真的很重要。合适的方法可以把每一个孩子都教育成有用的人。

❷（看小狗表演算术，一个人对另一个人说）

A：他终于把小狗教成了一个算术高手和杂技高手。

B：真了不起。

句型 7－1 语义功能 5 可以用于表示时间短、随便的动作，可用来请别人、要求别人做一件事。“把”前的词语表示动作的发出者，“把”后的词语是动作的承受者，verb 常常采用“verb＋一下”“verb＋verb”“verb＋一＋verb”“verb＋了＋verb”形式，例如“读一下”“擦擦”“写一写”“读了读”等。句型可以写成“……把……＋verb＋一下（verb＋一＋verb/verb＋verb/verb＋了＋verb）”。

The fifth semantic function is to ask someone to do something. Usually the action does not last for long. The subject of the action is before “把” and the object is after. The verb is usually in the form of “verb＋一下”“verb＋verb”“verb＋一＋verb”“verb＋了＋verb”, for example, “读一下”“擦擦”“写一写”“读了读”.

如：

A：大卫，你把这段课文读一下。

B：好的。

又如：

❶（家里，妈妈教孩子做家务）

A：大卫，你把拖把冲一冲，把地板擦一擦，把抹布洗一洗，把桌子擦一擦。

B：哦，妈妈，怎么要我做这么多家务。

❷（经理办公室，经理向秘书交代工作）

A：你把文件整理一下，把办公桌擦擦，把水杯洗洗。

B：好的，请稍等。

☞交际练习

（这个部分既可以提供教师课堂使用，也可以提供给学习者作为交际练习使用）

1. 问答

（1）这篇课文你看懂了吗?

（2）老师的话你听明白了吗?

（3）你把作业做完了吗?

2. 小组活动或课堂游戏

（1）班长在给同学们分派准备晚会的任务。

（2）花店的老板和顾客，一个顾客买了很多花，老板问怎么包装、送货。

（3）老师在跟家长谈某位学生的学习情况。

3. 课外活动或作业

（1）采访一位厨师，记录并汇报某种菜的做法。

（2）观察并评价保姆或保洁员的工作情况。

（3）观察并评价某位演员的表演情况。

三、描述行为动作的可能性

描述行为动作的可能性时，可以考虑选用以下句型：

句型 6－3：……＋verb＋**得（不）＋表示结果的词语**

句型 6－3：

◈……＋verb＋**得（不）＋表示结果的词语**

可以用于表示能不能、可能不可能做某事情。表示结果的词语一般有：动词、形容词、表示方向的名词，或者“了（liǎo）”。这一句型很常用，但是，它和“能（不能）＋verb”不完全一样。如可以说“钥匙丢了，我进不去”，可以说“我感冒了，不能出去”，但是不能说“我感冒了，出不去”。

This pattern is to say if someone can or cannot do something. “表示结果的词语” refers to verbs, adjectives, nouns of direction or “了（liǎo）”. This pattern is not completely the same as “能（不能）＋verb”. For example, you can say “钥匙丢了，我进不去” or “我感冒了，不能出去”, but you can't say “我感冒了，出不去”.

如：

A：这么厚的书，你看得懂吗？

B：我看不懂书里的字，但是我喜欢看书里的图画。

又如：

❶（儿子背着书包走过来，正遇见妈妈在楼下，妈妈问儿子）

A：你今天为什么走路回家？自行车呢？

B：我找不到我的自行车了，我忘了把它放在什么地方了。

❷（送快餐的人敲门，小王开门）

A：先生，这是您要的三个汉堡。

B：弄错了吧？我一个人怎么吃得了三个汉堡，我只订了一个。

☞交际练习

（这个部分既可以提供教师课堂使用，也可以提供给学习者作为交际练习使用）

1. 问答

（1）你看得懂中文报纸吗？

（2）你听得懂中文歌曲吗？

（3）你喝得了白酒吗？

2. 小组活动或课堂游戏

（1）一个啤酒推销员在向顾客推销啤酒。

（2）朋友推荐你去吃四川菜，据说很辣、很好吃。

（3）朋友打电话约你去看电影，可是你明天有考试。

3. 课外活动或作业

（1）采访你的同学，看看有多少同学可以看懂中文故事书。

（2）采访几位朋友，看看有几个人可以听懂汉语电影中的对白。

（3）选择一种奢侈商品，做市场调查，记录并汇报什么样的人才买得起。

四、描述行为动作的数量、时间

描述行为动作的数量时，可以考虑选用以下句型：

句型 6－1－1：verb＋**时间名词**

句型 6－1－2：verb＋**数词**＋**动量词**

句型 6－1－3：verb＋**数词**＋**名量词**

句型 35－1：verb＋（**一**）**点儿**（＋……）

句型 35－2：**有**（**一**）**点儿**＋adj.

句型 50：……verb＋**一**＋verb（……）

……verb＋verb（……）

verb＋**一下**（……）

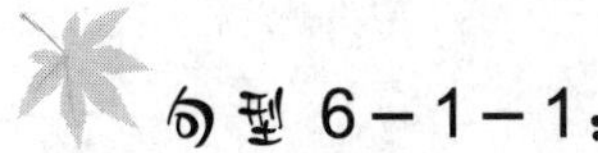

句型 6－1－1：

◈verb＋**时间名词**

可以用于表示做一个动作、做一件事用了多少时间，如“睡了三个小时”。verb 的后边是表示时间的名词，如“分钟”“小时”“天”“星期”等，如“看三个小时”。如果 verb 的后边还有别的名词，句型常常是“verb＋时间名词＋其他名词”，如“看三个小时电影”。

This pattern is to describe how long it takes for something to be done. For example：“睡了三个小时”. The verb is followed by nouns of time like“分钟”“小时”“天”“星期”，for example，“看三个小时”. If there are other nouns after the verb，the pattern then is“verb＋时间名词＋其他名词”，for example，“看三个小时电影”.

如：

A：昨天晚上你去哪儿了？

B：我在房间里。我上了三个小时网。

又如：

❶（朋友打听）

A：听说小张来我们学校了，你看见她了吗？

B：是啊，我们昨天下午谈话谈了两个小时。

❷（弟弟问妈妈）

A：姐姐为什么这么早就睡觉？

B：她累了，她今天坐了一天的火车。

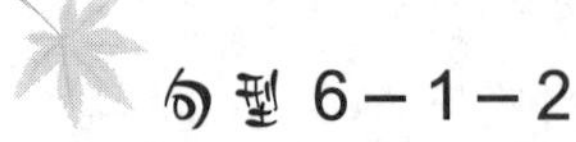

句型 6－1－2：

◇verb＋数词＋动量词

可以用于表示行为动作的次数。“动量词”常常是“次”“遍”“趟”“下”这样的词语，如“去三趟”。如果有名词，句型常常是“verb＋数词＋动量词＋名词”，如“去三趟北京”。动量词“下”可以用来表示动作次数，如“敲了三下儿门”、“敲了一下儿门”。当数词为“一”，动量词为“下”时，句型写成“verb＋一下儿”，除了表示动作的次数外，有时也表示动作的时间短，如“看一下”“帮一下”“想一下”。

This pattern describes the times of an action. The verb measure words are those like“次”“遍”“趟”“下”, for example, “去三趟”. If there is a noun in the sentence, the pattern will be “verb＋数词＋动量词＋名词”, for example, “去三趟北京”. The verb measure word “下” can mean the times of an action, for example, “敲了三下儿门”、“敲了一下儿门”. When the numeral is “一”, and the measure word is “下”, the pattern will be “verb＋ 一下”, which also indicates that an action only takes a short time, for example, “看一下”“帮一下”“想一下”.

如：

A：这种药一天吃三次，别忘了。

B：好，谢谢大夫。

又如：

❶（星期一同事见面）

A：周末你去哪儿了？

B：我去了一趟书店，买了很多书。

❷（孩子在哭，父亲问母亲）

A：孩子为什么哭了？

B：他刚才淘气，我打了他一下儿。

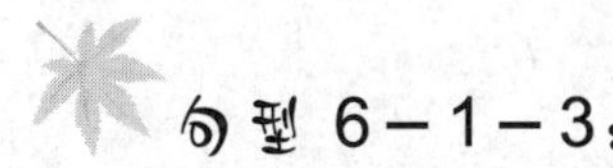

句型 6－1－3：

◈verb＋**数词＋名量词**

可以用于表示行为动作所涉及的对象的数量。当数词为“一”，名量词用“点儿”时，表示行为动作所涉及的对象的数量很少。

This pattern is to decribe the amount of the object of an action. When the numeral is “一” and the noun measure word is “点儿”, it means the amount of the object of the action is very small.

如：

A：你怎么又醉了？

B：我只喝了二两酒，可是那种酒太厉害了。

又如：

❶（公园失物招领处）

A：你好，我昨天把书包忘在公园里的椅子上了。

B：我们捡到两个书包，你看哪一个是你的。

❷（两个朋友谈话）

A：上个星期六你做什么了？

B：我去商场买了几件衣服，和朋友喝了几杯咖啡。

句型 35－1：

◈verb＋**（一）点儿**（＋……）

可以用于表示行为动作所涉及对象的数量少。“（一）点儿”后一般是名词词语，表示行为动作涉及的对象。

This pattern indicates that the amount of the object of an action is small. What follows “（一）点儿” is a noun indicating the object of the action.

如：

A：你花了多少钱，买这么多东西？

B：商店降价，我只花了一点儿钱就买了这么多东西。

又如：

❶（运动场，家长们在观看孩子们的篮球比赛，休息时间，儿子满头大汗，妈妈说）

A：看你热的，快来喝（一）点儿水，休息一会儿。

B：没关系，妈妈，我们队就要赢了。

❷（医院里，医生对病人）

A：不用太担心，吃一点儿消炎药就会好的，再补充一点儿维生素。

B：谢谢您，大夫。

句型 35－2：

有（一）点儿＋adj.

可以用于表示事物具有某种性状，但该性状程度较低。

This pattern describes the state or quality of something with a low degree.

如：

A：麻烦你给我换一件，这件衣服有一点儿小。

B：好的。

又如：

❶（医院，医生问病人）

A：你怎么了？

B：我有点儿不舒服。头有点儿疼，肚子也有点儿胀。

❷（早点铺门口，一个人问另一个）

A：这家饭店的早点怎么样？

B：不太好。他们这儿的凉菜有（一）点儿辣，粥有（一）点儿稀，面包也有（一）点儿干。

句型 50：

◈……verb＋一＋verb（……）

……verb＋verb（……）

verb＋一下（……）

可以用于表示尝试、随便、时间较短的动作、行为。verb 可以是“试”“想”“走”“看”“听”“摇”“挥”“考虑”“参观”等可以尝试的动词，“verb＋一＋verb”里的 verb 是一个字的动词，“verb＋verb”和“verb＋一下”里的 verb 可以是一个字的动词，也可以是一些两个字的动词，三种格式的后面都可以加名词词语，表示该动作行为的对象。

These patterns talk about a try or some other actions that are short and casual. The verb can be those like “试”“想”“走”“看”“听”“摇”“挥”“考虑”“参观” which may involve certain attempt. Both verbs in “verb＋一＋verb” are one-word ones, and the verb in “verb＋verb” “verb＋一下” can either be one-word or two-word. These three patterns can all be followed by N/NP that indicates the object of the action.

如：

A：您好，您背着的这个包也要检查检查。

B：好吧。其实只是一些吃的东西。

又如：

❶（在会议室，一些人在开会）

A：李力，能谈谈你的看法吗？

B：对不起，我要想一想。

❷（在家具店，售货员对一位顾客）

A：这种沙发非常舒服。

B：我试一下。

☞交际练习

（这个部分既可以提供教师课堂使用，也可以提供给学习者作为交际练习使用）

1. 问答

（1）你的早饭吃了什么？

（2）你昨天写了多长时间作业？

（3）这项工作很重要，你来做怎么样？

2. 小组活动或课堂游戏

（1）两人一组，谈谈昨天都做了什么事，过得怎么样。

（2）两人一组，谈谈每周的时间安排（花多长时间学习、运动等）。

（3）表演，一位顾客在跟服务员点菜（种类、数量）。

3. **课外活动或作业**

（1）采访你的同学，记录并汇报他们一般要花多长时间做功课。

（2）采访几位上班的人，记录并汇报他们一天的工作量。

（3）观察你的一位家人，记录并汇报他一天时间里吃了多少东西。

五、描述行为动作的趋向

描述行为动作的趋向时，可以考虑选用以下句型：

句型 6－5－1：verb（……）＋**来**

句型 6－5－2：verb（……）＋**去**

句型 6－6－1：……＋verb＋**上**（……）**来**（**去**）

句型 6－6－2：……＋verb＋**下**（……）**来**（**去**）

句型 6－7－1：……＋verb＋**进**（……）**来**（**去**）

句型 6－7－2：……＋verb＋**出**（……）**来**（**去**）

句型 6－8：……＋verb＋**回**（……）**来**（**去**）

句型 6－9：……＋verb＋**过**（……）**来**（**去**）

句型 6－10：……＋verb＋**起**（……）**来**

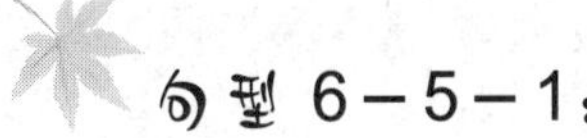

句型 6－5－1：

◈verb（……）＋**来**

可以用于表示 verb 所表示的行为动作的方向朝着说话人，verb 常常是“走、跑、拿、带、送、进、出、上、下”等。如果 verb 是“进、出、上、下、回、过”，其后一般加表示地方的词语，句型就是“verb＋表示地方的词语＋来”，如“进房间来”。

This pattern means the direction of the action expressed by the verb is towards the speaker. The verb is usually words like “走、跑、拿、带、送、进、出、上、下”. If the verb is “进、出、上、下、回、过”，it is usually followed by the the words of place. Accordingly，the pattern will be “verb＋表示地方的词语＋来”，for example，“进房间来”.

如：

A：别睡了，老师进教室来了。

B：什么？ 在哪儿？

又如：

❶（两个人谈话）

A：昨天你很晚才到家吗？

B：对，我刚下飞机，就有一只狗向我跑来，因为我带了违禁品。

❷（两个警察，一个警察在蹲守，另一个来换班）

A：看到那个罪犯了吗？

B：我一直在这儿等，没有人从那个房间里面出来。

句型 6－5－2：

verb（……）＋去

可以用于表示动作 verb 朝着离开说话人的方向，verb 常常是“走、跑、拿、带、送、进、出、上、下”等。 如果 verb 是“进、出、上、下、回、过”，其后可以加表示地方的词语，句型就是“verb＋表示地方的词语＋去”，如“回家去”。

This pattern is to describe that the direction of the action is away from the speaker. The verb is usually words like “走、跑、拿、带、送、进、出、上、下”. If the verb is “进、出、上、下、回、过”, it is usually followed by words of place. Accordingly, the pattern will be “verb＋表示地方的词语＋去”, for example, “回家去”.

如：

A：你看见一个高高瘦瘦的长头发的男人了吗？

B：看见了，那个人进商店去了。

又如：

❶（办公室门口，一个学生问另一个学生）

A：张老师在里面吗？

B：不在，他刚刚朝图书馆的方向走去了。

❷（酒吧里，一个男人向一个女人借火）

A：能借您的打火机用一下吗？

B：可以，你拿去吧，我不要了。

句型 6－6－1：

◈……＋verb＋上（……）来（去）

该句型有两个语义功能，其中语义功能 1 可以用于表示向上的、朝着说话人的行为动作，句型可写成“……＋verb＋上（……）来”。verb 前是表示人或可运动物体的名词、代词词语，verb 是“走、跑、拿、带、爬”等动词，“上”后一般是表示地方的名词、代词词语。当动词为“看”时，句型写成“……看上去……”，此时，“上去”不表示方向，“看上去”后边可以是形容词词语，也可以是动词词语，或者是一个小句子，表示说话人对事物的估计、评价。（语义功能 2 可以用于表示向上的、离开说话人的行为动作，句型可写成“……＋verb＋上（……）去”，详见下。）

This pattern has two semantic functions. The first one is to describe an action that is upward or towards the speaker, with the pattern being "……＋verb＋上（……）来". The subject before the verb is a noun or pronoun indicating human beings or a mobile thing. The verb is those like "走、跑、拿、带、爬". What is after "上" is nouns or pronouns indicating a place. When the verb is "看", the pattern is "……看上去……". Here "上去" does not mean a direction, but mean the speaker's judgment or estimate of someone or something. "看上去" is usually followed by adjectives, verbs or clauses. (Details for Function 2, see below.)

如：

A：你看，那边那个老人竟然也爬上了山顶。

B：是啊，我早看见了，他是一个人爬上（山）来的。

又如：

❶（一女孩在看电视，妈妈走过来，女孩说）

A：妈妈，弟弟刚才跑上（楼）来说楼下有人在打架呢。

B：我们报警吧。

❷（学生宿舍里，一个女孩儿在生气，另一个问）

A：你为什么不理他了？

B：昨天我正在晚会上唱歌的时候，他跳上台来对我说，你唱得太难听了。

句型 6－6－1 语义功能 2 可以用于表示向上的、离开说话人的行为动作，句型可写成"……＋verb＋上（……）去"。verb 前是表示人或可运动物体的名词、代词词语，verb 是"走、跑、拿、带、爬"等动词，"上"后一般是表示地方的名词、代词词语。

The second semantic function of this pattern is to describe an action that moves upward and away from the speaker, with the pattern being "……＋verb＋上(……)去". A noun or pronoun indicating human beings or mobile things is before the verb which is "走、跑、拿、带、爬", etc. What is after "上" is usually a noun or pronoun indicating a place. (Details for Function 2, see below.)

如：

A：爸爸快来，我的气球都飞上（天）去了。

B：你怎么不抓住呢，没办法了。以后再买吧。

又如：

❶（电梯前，两个职员）

A：我们来晚了，电梯已经升上（楼）去了。

B：没关系，再等一会儿。

❷（山脚下，两个学生谈及第三个人）

A：小王来了吗？

B：来了，不过他来得早，已经爬上山顶去了。

句型 6-6-2：

◇……＋verb＋下（……）来（去）

该句型有两个语义功能，其中语义功能 1 可以用于表示向下的、朝着说话人的行为动作，句型可写成"……＋verb＋下（……）来"。verb 前一般是表示人或可运动物体的名词、代词词语，verb 是"走、跑、拿、带、爬"等动词，"下"后一般是表示地方的名词、代词词语。（语义功能 2 可以用于表示向下的、离开说话人的行为动作，句型可写成"……＋verb＋下（……）去"，详见下。）

This pattern has two semantic functions. The first one is to describe an action that is downward and towards the speaker, with the pattern being "……＋verb＋下（……）来". A noun or pronoun indicating human beings or mobile things is before the verb which is "走、跑、拿、带、爬", etc. What is after "下" is usually a noun or pronoun indicating a place.（Details for Function 2, see below.）

如：

A：他怎么了？

B：他从窗台上跳下来，摔伤了腿。

又如：

❶（在旅行社，顾客指着宣传册问）

A：那个地方风景怎么样？

B：非常美，瀑布从山上流下来，湖水都是绿色的。

❷（一个孩子趴在地上，旁边的人上前问孩子）

A：你怎么了？

B：没问题，我刚才从楼上跑下来，不小心摔倒了。

句型 6－6－2 语义功能 2 可以用于表示向下的、离开说话人的行为动作，句型可写成"……＋verb＋下（……）去"。verb 前一般是表示人或可运动物体的名词、代词词语，verb 是"走、跑、拿、带、爬"等动词，"下"后一般是表示地方的名词、代词词语。当 verb 是持续性的动词词语时，"verb＋下去"还可以表示 verb 这个动作的继续。

The second semantic function of this pattern describes an action moving downward and away from the speaker, with the pattern being "……+verb+下（……）去". A noun or pronoun indicating human beings or mobile things is used before the verb which is "走、跑、拿、带、爬", etc. What is after "下" is usually a noun or pronoun indicating a place. When the verb is a durative one, then "verb+下去" may also mean the continuation of the action expressed by this verb.

如：

A：你敢从这儿跳下去吗？

B：当然。

又如：

❶（一个朋友跟另一个朋友打电话）

A：听说你住的那个大楼出了事故。

B：对，一个修理工从12层楼上掉下去了，不过他没死，下面是游泳池。

❷（两个人在塔吊上运集装箱，一个对另一个说）

A：你把那个箱子放下去了吗？

B：已经放下去了。

句型 6-7-1：

◈……+verb+进（……）来（去）

该句型有两个语义功能，其中语义功能1可以用于表示朝着一个地方的里边、朝着说话人方向的行为动作，句型可写成"……+verb+进（……）来"。verb前一般是表示人或可运动物体的名词、代词词语，"进"后一般是表示地方的名词、代词词语。（语义功能2可以用于表示朝着一个地方里边的、离开说话人方向的行为动作，句型可写成"……+verb+进（……）去"，详见下。）

This pattern has two semantic functions. The first one is to describe an action that goes inward and towards the speaker, with the pattern being "……+verb+进（……）来". A noun or pronoun indicating human beings or mobile things is used before the verb. What is after "进" is usually a noun or pronoun indicating a place. (Details for Function 2, see below.)

如：

A：李医生，那个病人的化验结果送来了。

B：好，你拿进来吧。

又如：

❶（办公室，很多人在讨论，一个人问其他人）

A：发生了什么事?

B：小王刚才跑进（办公室）来说，他中奖了。

❷（一个女孩儿跟另一个女孩儿聊天）

A：昨天夜里有个人走进（我的房间）来。我打开灯，原来是我弟弟走错了房间。

B：噢，吓了我一跳。

句型 6-7-1 语义功能 2 可以用于表示朝着某个地方里边的、离开说话人方向的行为动作，句型可写成"……+verb+进（……）去"。verb 前一般是表示人或可运动物体的名词、代词词语，"进"后一般是表示地方的名词、代词词语。

The second semantic function of this pattern is to describe an action which moves inward and away from the speaker, with the pattern being "……+verb+进（……）去". A noun or pronoun indicating human beings or mobile things is used before the verb. What is after "进" is usually a noun or pronoun indicating a place.

如：

A：我刚才让你注意的那个人呢？

B：他跑进（厕所）去了。

又如：

❶（姐姐和弟弟）

A：爸爸是不是生气了？

B：不知道，他一句话都没说就走进（房间）去了。

❷（住宅楼前，很多家具，一人问另一个人）

A：这是你新买的柜子吗？ 要不要我帮你搬进（家）去？

B：好，谢谢。

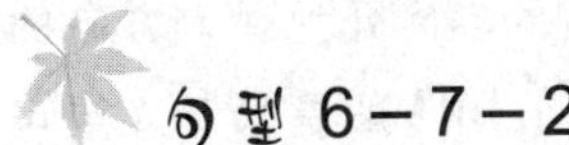

句型 6－7－2：

◈……＋verb＋出（……）来（去）

该句型有两个语义功能，其中语义功能 1 可以用于表示朝着一个地方的外边、朝着说话人方向的行为动作，句型可写成“……＋verb＋出（……）来”。 verb 前一般是表示人或可运动物体的名词、代词词语，“出”后一般是表示地方的名词、代词词语。（语义功能 2 可以用于表示朝着一个地方外边的、离开说话人方向的行为动作，句型可写成“……＋verb＋出（……）去”，详见下。）

This pattern has two semantic functions. The first one is to describe an action which goes outward and towards the speaker，with the pattern being “……＋verb＋出（……）来”. A noun or pronoun indicating human beings or mobile things is used before the verb. What is after “出” is usually a noun or pronoun indicating a place.（Details for Function 2，see below.）

如：

A：快看，那个明星从里面走出来了。

B：好，我去要他的签名。

又如：

❶（一条小路，两边都是草丛，一个女人很害怕的样子，一个男人问女人）

A：你怎么啦？

B：刚才一只狗从草丛里面跳出来，吓了我一跳。

❷（会议厅，一群人在讨论）

A：老李，你有什么想法，说出来让我们听听。

B：好吧。

句型 6－7－2 语义功能 2 可以用于表示朝着某地方外边的、离开说话人方向的行为动作，句型可写成“……＋verb＋出（……）去”。 verb 前一般是表示人或可运动物体的名词、代词词语，“出”后一般是表示地方的名词、代词词语。

The second semantic function is to describe an action moving outward and away from the speaker, with the pattern being “……＋verb＋出（……）去”. A noun or pronoun indicating human beings or mobile things is used before the verb. What is after “出” is usually a noun or pronoun indicating a place.

如：

A：这些东西放在哪儿？

B：那些都是垃圾，把它们扔出去吧。

又如：

❶（房间里，女孩儿很生气的样子，男孩对她说）

A：我真的很喜欢你。

B：可是我不喜欢你，你马上从这里滚出去！

❷（父亲下班进门，问母亲）

A：孩子去哪儿了？ 我给他买了个玩具。

B：噢，他刚才跑出去了。

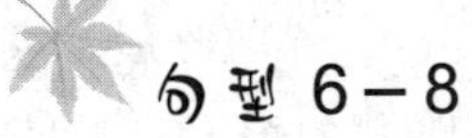

句型 6－8：

◈……＋verb＋回（……）来（去）

句型有两个语义功能，其中语义功能 1 可以用于表示从某地离开后再次返回某地的、朝着说话人方向的行为动作，句型可写成“……＋verb＋回（……）来”。verb 前一般是表示人或可运动物体的名词、代词词语，“回”后一般是表示地方的名词、代词词语。（语义功能 2 可以用于表示从某地离开后再次返回某地的、离开说话人方向的行为动作，句型可写成“……＋verb＋回（……）去”。详见下）

This pattern has two semantic functions. The first one is to describe an action of coming back to the place where the speaker is, with the pattern being “……＋verb＋回（……）来”. A noun or pronoun indicating human beings or mobile things is used before the verb. What is after “回” is usually a noun or pronoun indicating a place.（Details for Function2, see below.）

如：

A：我有几件衣服在洗衣店，你下班的时候把它们带回来，好吗？

B：好，没问题。

又如：

❶（学生宿舍，一个人正在吃汉堡，他的同屋回来了）

A：有什么好吃的吗？ 我饿死了。

B：我刚买回来两个汉堡，给你一个吧。

❷（丈夫湿淋淋地进门，妻子问）

A：哎呀，你的衣服怎么都湿了？

B：我的车坏了，也没带伞，我从办公室走回来的。

句型 6－8 语义功能 2 可以用于表示从某地离开后又再次返回某地的、离开说话人方向的行为动作，句型可写成“……＋verb＋回（……）去”。 verb 前一般是表示人或可运动物体的名词、代词词语，“回”后一般是表示地方的名词、代词词语。

The second semantic function of this pattern is to describe an action of going back to a place and away from the speaker, with the pattern being “……＋verb＋回（……）去”. A noun or pronoun indicating human beings or mobile things is used before the verb. What is after “回” is usually a noun or pronoun indicating a place.

如：

A：先生，你已经醉了，别喝了。

B：我没醉，再来两瓶，我拿回去喝。

又如：

❶（两个同事走在路上，前面一辆新汽车，一人问）

A：那辆车是你的吗？

B：不是，我的车已经被我儿子开回家去了。 我今晚上要参加晚会，可能会喝酒。

❷（教室里，老师问学生）

A：大卫去哪儿了？

B：他生病了，约翰把他送回家去了。

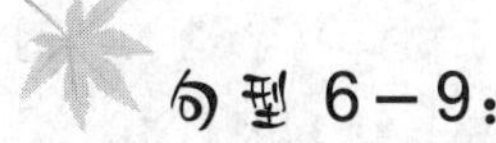

句型 6-9：

◈……＋verb＋过（……）来（去）

该句型有两个语义功能，其中语义功能 1 可以用于表示朝着说话人的行为动作，句型可写成“……＋verb＋过（……）来”。 verb 前一般是表示人或可运动物体的名词、代词词语，verb 是“走、跑、拿、带、送”等动词，“过”后一般是表示地方的名词、代词词语。（语义功能 2 可以用于表示离开说话人方向的行为动作，句型可写成“……＋verb＋过（……）去”，详见下。）

This pattern has two semantic functions. The first one is to describe an action which moves towards the speaker, with the pattern being “……＋verb＋过（……）来”. A noun or pronoun indicating human beings or mobile things is used before the verb which is “走、跑、拿、带、爬”, etc. What is after “过” is usually a noun or pronoun indicating a place.（Details for Function 2, see below.）

如：

A：这个佛像真高！

B：是啊，听说是从印度运过来的。

又如：

❶（两个朋友在街上，另一个人对其中一个人说什么，另一个朋友问）

A：你认识那个人吗？

B：不认识，他从那边走过来，问我买不买手机。

❷（在外住宿的女儿给妈妈打电话）

A：妈妈，我想吃你做的甜饼，你给我寄过来吧。

B：寄过去要好几天呢，你回家来吃吧，我给你做。

句型 6－9 语义功能 2 可以用于表示离开说话人方向的行为动作，句型可写成"……＋verb＋过（……）去"。verb 前一般是表示人或可运动物体的名词、代词词语，verb 是"走、跑、拿、带、送"等动词，"过"后一般是表示地方的名词、代词词语。

The second semantic function is to describe an action which moves away from the speaker, with the pattern being "……＋verb＋过（……）去". A noun or pronoun indicating human beings or mobile things is used before the verb which is "走、跑、拿、带、爬", etc. What is after "过" is usually a noun or pronoun indicating a place.

如：

A：这条河很宽，我们怎么过去呢？

B：我们游过去吧。

又如：

❶（商场里，一个人拿着个杯子，对服务员说）

A：我要买这个杯子，哪儿付钱？

B：在那边付钱，你把杯子拿过去吧。

❷（春天，几个人在野外，远处有条小河，有几个孩子）

A：你看，那里有几个孩子在干什么？

B：他们从小溪这边跳过去，然后又跳过来。

句型 6－10：

◈……＋verb＋**起（……）来**

该句型有三个语义功能，其中语义功能1可以用于表示向上的动作。verb是“站、拿、举、搬”等动词，“verb＋起来”没有动作的目的地，如下例。如果verb有宾语，一般可以放在“起”和“来”中间，也可以放在“起来”的后边。“verb＋上去”也能表示动作的方向朝上，但是“verb＋上去”有动作的目的地，或者说动作结束的地方；相反的方向用“verb＋下去”，这时“verb＋下去”的动作没有目的地，verb是“坐、放”等动词，只是表示动作的方向朝下。

This pattern has three semantic functions. The first one is to describe an upward action by using the verbs like “站、拿、举、搬”, etc. The action “verb＋起来” requires no destination, as in Example 1 below. If the verb has an object, the object can either be put between “起” and “来”, or at the end of “起来”. “verb＋上去” can also describe an upward action, but the action requires a destination or a place where it ends. The opposite direction of “verb＋上去” is “verb＋下去” which requires no destination and the verb is “坐、放”, etc.

如：

A：他们为什么都站起来了？

B：因为他们要欢迎总统。

又如：

❶（两个警察在远处用望远镜监视一个人的行动）

A：他在干什么？

B：他把书包拿起来，又放下去了。

❷（学生列队站着，老师在队伍前面，对学生说）

A：我喊一、二、三，你们就把旗子举起来。

B：好。

☞交际练习

（这个部分既可以提供教师课堂使用，也可以提供给学习者作为交际练习使用）

1. 问答

（1）外面有人敲门，你怎么说？

（2）有朋友在楼下叫你，你怎么说？

（3）有客人进了你的家门，你怎么说？

2. 小组活动或课堂游戏

（1）老师给卡片，学生每人抽取一张，描述卡片上的人要做的动作。

（2）一个人做动作，其他人描述他的动作。

（3）观察并汇报你的同学怎么整理书包。

3. 课外活动或作业

（1）去一家超市门口，观察并记录他们怎么进货出货。

（2）下课的时候观察并记录同学们的动作。

（3）去看一场电影，观察并记录电影放映至结束全过程观众的动作。

描　写

描写的内容包括很多方面，比如：描写事物性状、描写内心情感、描写同时进行的动作等。分别介绍如下：

Depicting

This part includes the description of the character of something, the feelings and emotions of people, or actions that go together.

一、描写事物性状

1. 描写事物当前性状

描写事物当前性状时，可以考虑选用以下句型：

句型 6－4－2：adj.（**心理动词**）＋**表示程度的词语**

句型 18：……＋（adv.）＋adj./**心理动词**

句型 39：verb＋**着**

句型 51：……adj.＋adj.＋**的**……

句型 6－4－2：

◇adj.（**心理动词**）＋**表示程度的词语**

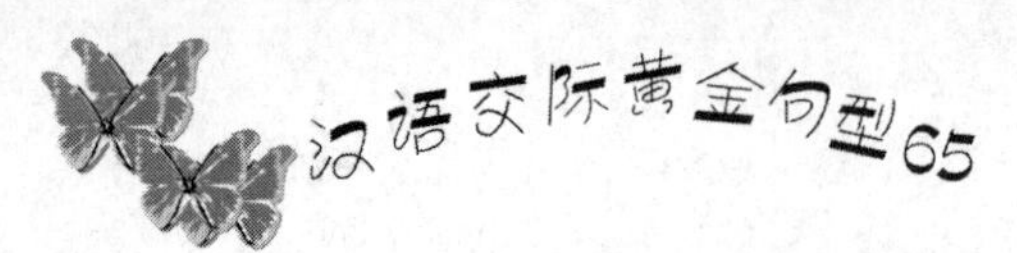

该句型有两个语义功能，其中语义功能1可以用于表示某人、事、物当前的性状，且该性状达到很高的程度。“表示程度的词语”用“得很”，句型写成“adj.（心理动词）＋得很”。在意思上，跟“很（非常）＋形容词”差不多，比如：“好得很”和“很好”“非常好”差不多。（语义功能2也可以用于表示某人、事、物当前的性状，表示程度的词语用“极了”，详见下。）

This pattern has two semantic functions. The first one is to describe the current character or state of someone or something, which is of a high degree. “表示程度的词语” (words of degree) is “得很”, as in “adj.（心理动词）＋得很”. It is close in meaning to “很（非常）＋形容词”. For example, “好得很” means almost the same with “很好” and “非常好”. (Details for Function 2, see below.)

如：

A：别出去了，外面冷得很。

B：我不怕。

又如：

❶（一个人要去旅行，给另一个朋友打电话）

A：你的公寓能住下两个人吗？ 旅行期间我能不能住在你那里？

B：没问题，这个公寓大得很。

❷（房客来看房子，跟房东说）

A：这套公寓脏得很，应该便宜点儿。

B：不能再便宜了，我找人来打扫一下儿就好了。

句型 6－4－2 可以用于表示某人、事、物当前的性状，不过这种性状达到的程度比语义功能 1 更高，表示程度的词语用“极了”，句型写成“adj.（心理动词）＋极了”。在意思上，跟“非常＋adj.（心理动词）”差不多，比如“好极了”“高兴极了”和“非常好”“非常高兴”差不多。

Compared with Function 1，Function 2 is to describe the current character or state of someone or something that is at an even higher degree. With the word of degree “极了”，the pattern “adj.（心理动词）＋极了” is close in meaning to “非常＋adj.（心理动词）”. For example，“好极了” and “高兴极了” are close to “非常好” and “非常高兴” respectively.

如：

A：女儿喜欢我寄给她的娃娃吗？

B：喜欢极了，每天都抱着娃娃睡觉。

又如：

❶（爸爸在整理钓具，对孩子说）

A：明天我有空儿，我们一起去钓鱼，怎么样？

B：好极了。我早就想去钓鱼了。

❷（快餐厅，两个女孩儿谈话）

A：你喜欢现在这个工作吗？

B：我喜欢这个工作，可是不喜欢我的经理，他总是让我加班，讨厌极了。

句型 18：

◈……＋（adv.）＋adj. /**心理动词**

可以用于描写事物当前性状，adv. 前可以是名词词语，也可以是动词词语，有时是小句子，adv. 常常是一些表示程度的词语，如“很”“非常”“相当”“十分”“极其”等，用于表示事物所具有的性状达到一定的或较高的程度；有时则是“也”，用于表示某人、事、物和其他人、事、物一样具有某种性状；还有的时候是“都”，用于表示某些人、事、物具有相同的性状。一般情况下，adj. 或心理动词前不用“是”，adj. 或心理动词是对事物的说明、描述。

This pattern describes the current features or state of someone or something. What goes before the adverb is N/NP, V/VP or a clause. The adverb usually refers to words of degree, such as “很” “非常” “相当” “十分” “极其”, showing the rather high degree of the features. The adverb can also be “也” indicating that someone or something has the same features as someone or something else. When the adverb is “都”, it means that certain group of people or things has the same features. Usually “是” is not used before “adj. /心理动词”.

如：

A：地铁站远吗？ 走路去要多长时间？

B：地铁站非常远，你最好坐车去。

又如：

❶（一个人在旅行社，指着长城的风景画向服务人员咨询）

A：长城好玩吗？

B：长城很好玩。

❷（两个穿运动衣的人走出运动场的大门，满头大汗）

A：你累吗？

B：我很累。

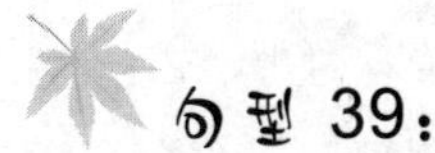

句型39：

◈verb＋着

该句型有三个语义功能，其中语义功能2可以用于描写某人或某物当时当地的状态。verb是能持续的动词，如“戴、穿、捧”等。强调的不是正在发生的事情，而是一种情况、状态。

This pattern has three semantic functions. The second one is to describe the state of someone or something at a certain place and time. The verb refers to those durative ones like “戴、穿、捧”. It emphasizes a state or situation rather than an on-going action.

如：

A：外面正下着雨，等一等再走吧？

B：没关系，我带着雨伞呢。

又如：

❶（大街上，一个人手拿照片，四处询问找人）

A：请问您见过这个人吗？他戴着一副眼镜，穿着一件白色T恤衫、蓝色长裤，背着一个大大的旅行包。

B：对不起，没见过。

❷（书桌前，一个人戴着耳塞坐着看书，一个人拍他的肩膀）

A：干什么呢？我叫了你好几声都不理我。

B：我正听着歌做作业呢。

句型51：

◈……adj.＋adj.＋的……

该句型可以用于描写某人、事、物，说明该人、事、物具有某种性状，且该性状达到较高的程度。其中的形容词有时是 XX 的形式，如“大大、高高、红红、绿绿、甜甜、通红通红、雪白雪白”；有时是 XYY 的形式，如“绿油油、红彤彤”；有时是 XXYY 的形式，如“干干净净、漂漂亮亮”等，后边常常有“的”。不能说“不 adj. ＋adj. ＋的”。

This pattern is to describe the character or state of someone or something that is at a fairly high degree. The adjectives before “的” may appear in the form of XX, for example, “大大、高高、红红、绿绿、甜甜、通红通红、雪白雪白”, or XYY, like “绿油油、红彤彤”, or XXYY, like “干干净净、漂漂亮亮”. There is no negative form, like “不 adj. ＋adj. ＋的”.

如：

A：这种苹果味道好吗？

B：甜甜的、酸酸的，不错。

又如：

❶（电影院前的海报栏前，两个人在谈论演员）

A：你喜欢什么样子的演员？

B：个子高高的、眼睛大大的。

❷（两个人走进一家饭馆）

A：你常来这家饭馆。

B：我喜欢这儿，干干净净的，味道也不错。

2. 描写事物以前出现过的性状

描写事物以前出现过的性状时，可以考虑选用以下句型：

句型 41－2：曾经＋adj. ＋过

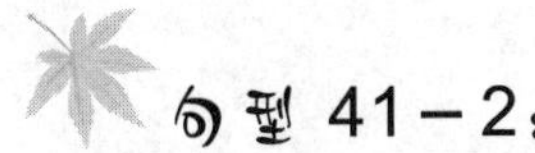

句型 41－2：

◈曾经＋adj.＋过

可以用于描写某人或某物以前的状态。adj. 表示某人或某物以前出现过的状态。否定形式用：没有＋adj.＋过。否定时一般不用“曾经”。

This pattern is to describe a past state of someone or something expressed by the adjective. The negative form is “没有＋adj.＋过” without “曾经”.

如：

A：这里曾经热闹过一段时间，不过现在很冷清，大多数人都搬走了。

B：那么多空房子，真可惜。

又如：

❶（一个老太太的大幅照片前，两个朋友谈话）

A：听说那个老太太曾经是个明星？

B：你别看她现在普普通通，她也曾经漂亮过。

❷（两个朋友谈论第三个人的情况）

A：老张最近心情怎么样？

B：不好，自从妻子去世以后，他就没有快乐过。

3. 描写某处有某物

描写某处有某物时，可以考虑选用以下句型：

句型 39：verb＋**着**

◈verb＋着

该句型有三个语义功能，其中语义功能 3 可以用于描写某处有某物，verb 是“放、摆”等词语。常常说“……＋verb 着……”，有时也说“……在……＋verb 着”。在“……＋verb 着……”中，“verb 着”前面是表示地方的词语，“verb 着”后面是表示东西的词语；而在“……在……＋verb 着”中，“在”前是表示东西的词语，“在”后面是表示地方的词语。

This pattern has three semantic functions. The third one is to describe something is in some place. With the verbs like “放、摆”, the pattern is usually used in “……＋verb 着……” or “……在……＋verb 着”. In “……＋verb 着……”, words of place are used before “verb 着” and words of things go after. But in “……在……＋verb 着”, words of things are used before “在” and words of place go after.

如：

A：山洞里怎么样？都有什么？

B：山洞里很宽敞。中间的空地上摆着一个小石桌，桌子的旁边放着几把石椅。

又如：

❶（介绍房间的摆设）

A：你的房间怎么样？布置好了吗？

B：我的房间不太大，但是很舒服。靠近东边的墙，放着一张单人床；窗户下面摆着一张书桌。

❷（书房的摆设）

A：大卫的书房怎么样？

B：大卫的书房乱极了。靠墙边摆着好几组大书柜，书柜里乱七八糟地放着很多书；屋子的中间摆着一个大书桌，书桌的下面还散落着几支没用完的笔。

☞ 交际练习

（这个部分既可以提供教师课堂使用，也可以提供给学习者作为交际练习使用）

1. 问答

（1）你最近心情怎么样?

（2）上网聊天有意思吗?

（3）你喜欢住什么样的房间?

2. 两人一组，根据抽取的话题描写事物，如

（1）你见过的最乱的房间。

（2）你去过的最好玩的地方。

（3）你最喜欢的水果的味道。

3. 课外活动或作业

（1）走访一家餐厅，描写它的布置。

（2）走访一家健身房或体育馆，描写人们做运动时的样子。

（3）和几个同学做游戏，一人形容某人或某物的样子，让其他人画，看谁画得像。

二、描写内心情感

描写内心情感时，可以考虑选用以下句型：

句型 4－1：……（＋adv.）＋**喜欢**……

句型 4－2－1：……＋（adv.）＋**想**……

句型 53－2：……**希望**……

句型 53－3：……（**不**）**同意**……

句型 61－1：……**对**……**感**（**有**）**兴趣**

句型 62－1：……**对**……**的印象**……

……**给**……**的印象**……

……**给**……**留下**……**的印象**

……**给**……**一种**……**的印象**

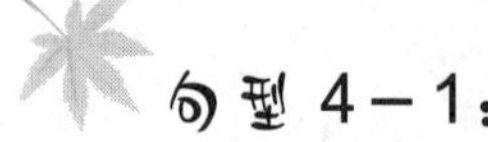

◈……（＋adv.）＋**喜欢**……

可以用于表达某人对某人、事、物的积极的情感倾向。有两个语义功能，其中语义功能1直接表达喜欢某人、事、物，这时adv.的前面常常是表示人的名词或代词词语，adv.可以是“很、十分、非常”等词语，“喜欢”后一般是名词词语。句型可写成“……（＋adv.）＋喜欢＋名词/代词词语”，如：“我喜欢饺子”“我喜欢他”。

This pattern expresses one's positive attitudes/feelings towards someone or something. It has two semantic functions. The first one is to say someone likes something or someone else, with the pattern being “……（＋adv.）＋喜欢＋N/NP”. For example, “我喜欢饺子”, “我喜欢他”. The adverb can be words like “很、十分、非常”.

如：

A：这件衣服太贵了，你真的要买吗？
B：对，我喜欢这件衣服。

又如：

❶（两个学生站在学校办公室的布告栏前看课表）

A：你想学汉语吗？
B：对，我非常喜欢汉语。

❷（两个男人在看车展）

A：你喜欢那个牌子的车吗？
B：不喜欢，我喜欢这个。

句型 4－1 语义功能 2 可以用于表达喜欢做某事。这时，adv. 的前面常常是表示人的名词或代词词语，adv. 可以是“很、十分、非常”等词语，“喜欢”后一般是动词词语。句型可写成“……（＋adv.）＋喜欢＋动词词语”。如：“我喜欢吃饺子”、“我喜欢跟他打球”。

The second semantic function is to say that someone likes doing something, with the pattern being “……（＋adv.）＋喜欢＋V/VP”. For example, “我喜欢吃饺子”, “我喜欢跟他打球”. The adverb can be words like “很、十分、非常”.

如：

A：小王在唱歌吗？

B：对，他喜欢唱歌。

又如：

❶（两个人在饭馆吃饭）

A：你怎么不吃了？

B：我不喜欢吃饭馆的饭，我喜欢吃我妈妈做的饭。

❷（办公室里，欢迎新同事，老板介绍）

A：这位是小王，他喜欢开玩笑。有他在办公室，大家都很开心。

B：你好，请多多关照。

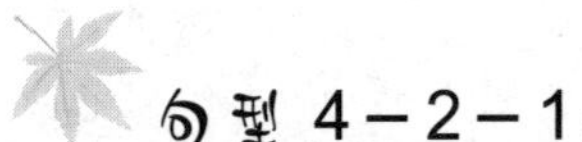

句型 4－2－1：

……＋（adv.）＋想……

该句型有两个语义功能，其中语义功能 1 可以用于表示思念某人、某物或某事，adv. 前常常是表示人的名词或代词词语，adv. 可以是“很、十分、非常”等词语，“想”后一般是名词词语，可以是人、事、物等。

This pattern has two semantic functions. The first one is to say that someone misses something or someone else. A noun or a personal pronoun goes before “想” and N/NP goes after. The adverb can be words like “很、十分、非常”.

如：

A：你想家吗？

B：是啊，我现在很想爸爸妈妈。

又如：

1（两个男人在登山）

A：你怎么了，累了吗？

B：不，我在想妈妈做的饺子。

2（在国外学习的留学生和当地人谈话）

A：你在想什么？

B：今天是春节，我在想我家的人现在正在做什么。

句型 53－2：

……希望……

可以用于表示希望做什么、怎样做、有什么结果或希望某人做什么等。“希望”前一般是表示人的名词，“希望”后可以是一句话，也可以是动词词语。

This pattern describes what and how someone hopes to do something and what result he/she expects. It also describes what one expects the other to do. A noun or personal pronoun is put before “希望” and V/VP or a clause goes after.

如：

A：我打算下星期回家。

B：好的，真希望你早点回来。

又如：

❶（两个人在谈周末怎么过）

A：我想去看电影。

B：我希望有个好天气，我想去爬山。

❷（办公室，两个员工在谈话）

A：这件事情太难办了。

B：希望能找到办法。

句型 53－3：

◈……（不）同意……

可以用于表示是否同意某事，表示对事情、计划、安排等的意见。“不”前一般是表示人的名词，“同意”后可以是一句话，也可以是动词或动词短语，有的时候可以省略“同意”后边的词语。

This pattern is to describe if someone agrees to something or not. What follows “同意” is N/NP，V/VP，a clause，or nothing sometimes.

如：

A：我们明天换一个旅馆好吗？

B：我们不同意换旅馆，这家旅馆很舒服。

又如：

❶（几个人在会议室开会）

A：我建议你们马上开始工作。

B：我们同意马上开始。

❷（两个人在谈论学习汉语的方法）

A：我们应该记住这些句子和语法。

B：我不同意你的看法，我们应该多多练习，而不是记住。

句型 61－1：

◈……对……感（有）兴趣

可以用于表示某人对某物的喜好情况。在“……对……感（有）兴趣”中，“对”前一般是表示人的名词词语，“对”后是名词词语、动词词语或小句子，表示人（或动物）有兴趣或没有兴趣的对象。既可以说“感兴趣”也可以说“有兴趣”，否定形式分别是“不感兴趣”和“没有兴趣”。

These two patterns express one's interest in something or doing something. A noun or personal pronoun goes before “对” and N/NP, V/VP or a clause goes after. Both “感兴趣” and “有兴趣” can be used, whose negative forms are “不感兴趣” and “没有兴趣” respectively.

如：

A：你常常旅行吗?

B：是啊，不过，我对大城市不感兴趣，我只对自然风光感兴趣。

又如：

❶（朋友间谈爱好）

A：你对唱歌有兴趣吗？ 我们去唱卡拉 OK 吧?

B：我对唱歌不感兴趣。你和别人去吧。

❷（教室里，两个学生谈学习）

A：你对哪门课最有兴趣？

B：我喜欢语言课，不过，对数学课我没兴趣。

句型 62－1：

……对……的印象……

……给……的印象……

……给……留下……的印象

……给……一种……的印象

可以用于表示某人对某物、某地或某人的感受。说明某人感觉某地或某物怎么样。如果强调某人的感觉，用"……对……的印象……"；如果强调某地或某物，用"……给……的印象……"、"……给……留下……的印象"。在"……对……的印象……"中，"对"前一般是表示人的名词词语，"对"后一般是表示人或事物的名词词语，有时是动词词语或小句子，"印象"后常常是"很/不太＋adj."，如"很好、很不好、不太深刻"，有时是动词词语(没有相关例句)。

These patterns are to describe someone's impression of something, some place or someone else. To emphasize the impression, you can use "……对……的印象……". To emphasize the impressive object, you can choose "……给……的印象……" or "……给……留下……的印象". In the pattern "……对……的印象……", a noun or personal pronoun goes before "对" and N/NP, V/VP or a clause indicating a person or thing goes after. "印象" is usually followed by "很/不太＋adj.", for example, "很好、很不好、不太深刻", and sometimes by a verb.

如：

A：你觉得小李这个人怎么样？

B：我对小李的印象不太好，他给我一种不诚实的印象。

又如：

❶（校长问参观者参观学校的感受）

A：您对我们学校的印象怎么样？

B：我对你们学校的印象很不错，特别是学生们的热情给我留下了很深的印象。

❷（问旅行感受）

A：你对这次旅行的印象怎么样？

B：这次旅行给我留下的印象很难忘。

☞交际练习

（这个部分既可以提供教师课堂使用，也可以提供给学习者作为交际练习使用）

1. 问答

（1）你喜欢爬山吗？

（2）你对做饭感兴趣吗？

（3）你感觉孤单的时候会想什么？

2. 课堂活动或游戏

（1）四人一组，讨论各自对哪种运动最感兴趣。

（2）四人一组，每人画几个简单的人物表情如：^_^、^_^，然后讨论这些表情分别代表什么样的内心情感。

（3）四人一组，互相描述各自对家乡的印象。

3. 课外活动或作业

（1）和同学讨论写出几个大家都熟知的演员，然后说说各自对这些演员的印象。

（2）找几个去过中国的朋友，和他们一起讨论对中国交通状况的印象。

（3）采访几位朋友，问他们对哪类电影感兴趣，为什么。

三、描写同时进行的动作

描写同时进行的动作时，可以考虑选用以下句型：

句型 64：**一边……一边……**

句型 64：

◇一边……一边……

可以用于表示同时做两件事情。两个“一边”的后面一般都是动词词语。

This pattern describes someone does two things at the same time. V/VP is used after both “一边”.

如：

A：大卫，一边看电视一边吃东西对健康不好。

B：没关系，我不在乎。

又如：

❶（教学楼走廊里）

A：请问，谁是李晓明？

B：那个一边走路一边听音乐的男孩儿就是李晓明。

❷（孩子边打电话边看书，妈妈看见了说）

A：小明，你怎么一边做作业一边打电话。

B：噢，我正在做作业，同学打电话来问我一个问题。

☞交际练习

（这个部分既可以提供教师课堂使用，也可以提供给学习者作为交际练习使用）

1. 问答

（1）问他人是否会一边吃饭一边干别的事情。

（2）问他人听音乐的时候是否会同时干别的事情。

（3）问他人是否有一边走路一边打电话的习惯。

2. 课堂活动或游戏

（1）老师在黑板上写一些表示动作的词语（如看电视、上网、散步、聊天等），让学生选择（或补充）词语来描述自己的一些日常生活习惯。

（2）准备一些纸条，每张纸条上写两个动词短语，请学生抽纸条表演，让其他同学根据他们的动作猜纸条上的词语，并用一句完整的话来描述。

（3）四人一组，先互相介绍自己的一些生活习惯或行为方式，如常常同时进行哪两种动作，然后一起讨论哪些习惯是不好的。

3. 课外活动或作业

（1）观察并汇报咖啡馆里的人常常在喝咖啡的时候同时干什么别的事情。

（2）观察并汇报学生常常在写作业的时候同时干什么别的事情。

（3）观察并汇报人们在公园里散步或在草地上休息的时候常常同时干什么事情。

否 定

否定的内容包括很多方面，比如：否定进行或曾经进行过某种行为动作，否定事物具有某种性状，否定时间、方所、方式、目的，否认某处有某物，否认并更正等。一般是在叙述句基础上加“不”、“没”表示。分别介绍如下：

Negating

This part includes many patterns. You can negate an action, time, place, manner, purpose, existence or features of something. Negation is formed by adding “不、没” to the narration.

一、否定进行或曾经进行过某种行为动作

否定进行或曾经进行过某种行为动作时，可以考虑选用以下句型：

句型 3－5：……**不（没）**＋verb（……）

句型 7－2：……**不/没＋把**……

句型 7－3：……**不/没＋能愿动词＋把**……

句型 41－1－3：……**没（有）/不曾**＋verb＋**过**（……）

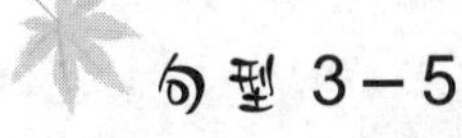

句型 3－5：

……不（没）＋verb（……）

该句型表示否定某种动作或行为，加“不”的时候，否定将要进行某种行为动作或习惯，加“没”的时候否定曾经进行过某种行为动作。

This pattern is used to deny a certain action or behaviour. Adding "不" indicates the negation of a future action, while adding "没" indicates that of a past action.

如：

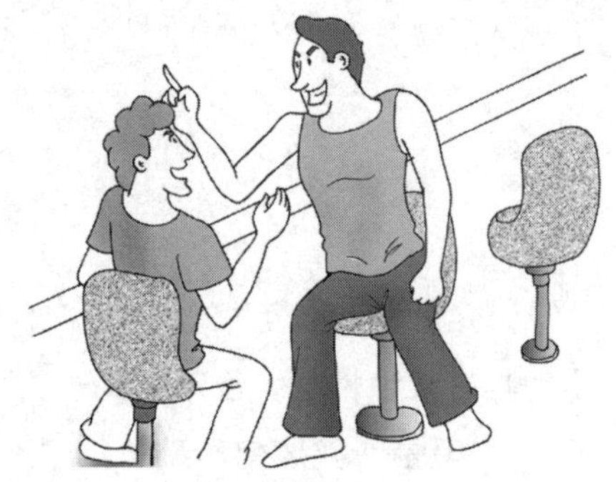

A：你喝啤酒吗？

B：我不喝啤酒，我喝威士忌。

又如：

❶（周末的早上，一个背着旅行包赶路的人碰到朋友，于是问朋友）

A：我去长城，你去吗？

B：我不去长城，我要去书店。

❷（办公室，经理问秘书）

A：小李来过吗？

B：应该没有吧？ 我没看见小李。

句型 7－2

◈……不/没＋把……

该句型用于表示某人、事、物没有对某人、事、物怎么样，是"把"字句的否定式，"不""没"要放在"把"的前边。用"不"的时候表示某人、事、物不会对另一人、事、物怎么样，用"没"的时候表示某人、事、物在过去的时间里没有对另一人、事、物怎么样。

This pattern is the negative form of the pattern "把……＋verb……", with "不" or "没" being added before "把". The pattern means someone or something does nothing to someone or something else. When "不" is used, it means someone or something won't do anything to others. When "没" is used, it means someone or something hasn't done anything to others.

如：

A：算了吧，一会儿上班要迟到了，赶紧走吧。

B：不行，不把事情弄清楚，谁也不许离开。

又如：

❶（学生宿舍，晚上 12 点了，一个学生还在做作业，另一个学生问）

A：大卫，现在几点了，怎么还不睡觉？

B：12 点了，我也很想睡觉，但是，我还没把今天的功课做完。

❷（在水房，洗衣机旁边，大卫正用力地搓洗衣服，同屋问）

A：大卫，你怎么不用洗衣机洗衣服？

B：我用洗衣机洗了三次了，都没把这衣服上的墨水洗掉，只好手洗了。

句型 7－3

◈……不/没＋能愿动词＋把……

该句型用于表示某人、事、物不应该、不能或不会对某人、事、物怎么样。“能、会、可能、应该”这样的词要放在“把”的前边，“没、不”要放在“能、会”等的前边。

This pattern means someone or something shouldn't, can't or won't do anything to others. Words like “能、会、可能、应该” are put after “没” or “不” and before “把”.

如：

A：你应该把内心的感受说出来。这样别人才能更好地理解你。

B：不，很多时候，我不能把我真实的想法说出来，我担心说错了，别人会不高兴。

又如：

❶（运动场上，大小不一的杠铃前，大卫和同学比力气）

A：你总说自己的力气大，那你能把这个最大的杠铃举起来吗？

B：我不能把那个最大的杠铃举起来，但是我可以把这个小一点儿的举起来。

❷（老师的办公室，学生和老师谈话）

A：老师，我觉得您上课时说话太快了，我怎么样也不能把您说的语法写下来。

B：我可以稍微慢一点，但是我不能把语速放得太慢，那样的话就不自然了。

句型 41－1－3：

◇……没（有）/不曾＋verb＋过（……）

该句型用于表示在过去的时间里没有进行过某种行为动作。肯定形式用“……（曾经）＋verb＋过……”，“曾经”可以不说。否定时一定去掉“曾经”，用“……没（有）＋verb＋过……”格式，书面语中也可以用“……不曾＋verb＋过……”。句中的“没有”或“不曾”之前一般是表示人的词语，“过”之后一般是名词词语。

This pattern means something didn't happen in the past. The positive form is “……(曾经)＋verb＋过……”. “曾经” must be taken out from the negative form “……没（有）＋verb＋过……”. In formal situations, the negative pattern can be “……不曾＋verb＋过……”.

如：

A：你曾经去过长城和故宫吗？

B：我曾经去过长城，但是我没去过故宫。

又如：

❶（餐馆里，几个朋友在点菜）

A：听说北京烤鸭很腻，我们要点吗？

B：我没（有）吃过北京烤鸭，点一个尝尝吧。

❷（宿舍里，一个人在整理旅行包，问另一个人）

A：你知道坐火车去上海要多长时间？

B：不知道。我没去过上海。

☞交际练习

（这个部分既可以提供教师课堂使用，也可以提供给学习者作为交际练习使用）

1. 问答

（1）你平时上班/上课开车吗？

（2）你吃过北京烤鸭吗？

（3）你昨天的作业做完了吗？

2. 课堂活动或游戏

（1）老师做几个动作给大家看（如喝水、翻书等），然后给同学们包含更多动作的词语（如吃水果、擦桌子等），让大家叙述老师刚才做过什么动作，没做过什么动作。

（2）四人一组，每人写出几个当地旅游景点的名字，互相询问大家是否去过这些地方。

（3）两人一组，每人写出几件自己认为很难的事情，问对方能否做到。

3. **课外活动或作业**

（1）采访并汇报他人是否养过或正在养某种宠物。

（2）写出五个中国城市的名字，采访几位去过中国的朋友，问他们是否去过这些地方。

（3）找出五个比较难的汉字让同学写，汇报谁没能把哪个汉字写正确。

二、否定时间

否定时间时，可以考虑选用以下句型：

句型 2－3：不是……的

句型 2－3：

不是……的

该句型有四个语义功能，其中，语义功能 1 可以用于否定时间。“是……的”常用于已经发生的事情，“不是……的”用于否定。“不是”前一般是表示人、事物等的名词词语，“不是”和“的”中间是“表示时间的名词词语＋跟这个时间有关系的事情”时，否定的是时间。

This pattern is to negate something that has happened. It has four semantic functions. The first one is to negate time. Between “不是” and “的” is “time expression＋something related to this specific time”, with a negate on time.

如：

A：你的自行车很新，是今年新买的吧？

B：不是今年新买的，不过我平时很少用。

又如：

❶（办公室的走廊上，秘书问保洁员）

A：会议室怎么还没收拾干净？ 上一个会议不是4点就结束了吗？

B：对不起，会议不是4点结束的，至少推迟了半个小时。

❷（在酒吧，一个中国人和一个外国人一边喝酒一边聊天，中国人问）

A：你是今年8月份来北京的吧？

B：我不是8月份来北京的，为了旅行，我提前一个月就到了。

☞交际练习

（这个部分既可以提供教师课堂使用，也可以提供给学习者作为交际练习使用）

1. 问答

（1）你的手机是今年新买的吗？

（2）你的头发是昨天理的吗？

（3）你是今年开始学汉语的吗？

2. 四人一组，猜测询问彼此做下列事情的时间，并互相作出肯定或否定的回答

（1）学会骑自行车。

（2）第一次自己租房子。

（3）最近一次度假。

3. 课外活动或作业

（1）几个同学各自准备几张自己小时候的照片，互相猜测大家拍这些照片的时间（如哪一年），由照片所有者作出肯定或否定的回答。

（2）几个同学各自拿出一些自己的小物品，互相猜测大家购买这些物品的时间，由物品所有者作出肯定或否定的回答。

（3）几个同学各自准备几部畅销书或流行电影的名字，互相猜测这些书和电影发行的时间，由知情者作出肯定或否定的回答。

三、否定地方

否定地方时，可以考虑选用以下句型：

句型 2－3：不是……的

句型 2－3：

◈不是……的

句型 2－3 有四个语义功能，其中，语义功能 2 可以用于否定地方。“不是”和“的”之间是“地方＋跟这个地方有关的动作”，但否定的是已经发生的某个动作跟某个地方的关系，表示地方的词语前后常常有“从、在”这类介词。当动词带有宾语时，宾语往往放在“的”后，或提到主语前。

The second semantic function is to negate the place. Between “不是” and “的” is “the place ＋ the action related to this specific place”，which negate the relationship between the place and the action. Prepositions like “从、在” are usually used in front of the words of place. When the verb has an object，it is usually put after “的” or before the subject.

如：

A：你是从南方来的吗？ 你的口音像南方人。

B：我不是从南方来的，但是我奶奶是南方人，她一直跟我说南方话。

又如：

❶（在一个公司的办公室，公司职员问应聘者）

A：你是在北京读的大学吗？

B：不，我不是在北京读的大学，我是在天津读的大学。

❷（在大街上，一个人推着自行车，和另一个人谈话）

A：你这辆自行车是在银行门口找到的吗？

B：不是在银行门口找到的，是在酒吧门口找到的。昨天，我喝醉了。

☞交际练习

（这个部分既可以提供教师课堂使用，也可以提供给学习者作为交际练习使用）

1. 问答

（1）你是住在学校里面的吗？

（2）昨天晚上你是在图书馆里学习的吗？

（3）今天早上你是在家里吃的早饭吗？

2. 两人一组，猜测询问对方的下列小物品一般是在哪儿放的，互相作出肯定或否定的回答

（1）钥匙、手机、名片、电话本等。

（2）梳子、镜子、餐巾纸等。

（3）帽子、手套、墨镜等。

3. 课外活动或作业

（1）几个同学各自准备几张自己以前旅行的照片，大家互相猜测询问拍这些照片的地点，由照片所有者作出肯定或否定的回答。

（2）几个同学一起，每人说出几个山脉或河流的名字，让其他人猜测他们所在的国家或地方，由出题者作出肯定或否定的回答。

（3）几个同学一起，每人说出几个餐馆或电影院的名字，让其他人猜测这些场所的位置，由知情者作出肯定或否定的回答。

四、否定行为动作的方式

否定行为动作的方式时，可以考虑选用以下句型：

句型 2－3：不是……的

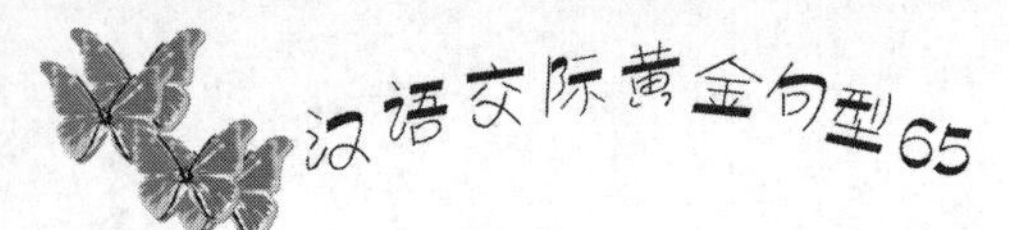

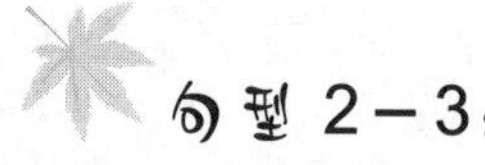

句型2-3：

不是……的

“……是……的”具有强调作用，常用于已经发生的事情，该句型有四个语义功能，其中，语义功能3可以用于强调行为动作的方式。“不是……的”用于否定。“不是”前一般是表示人、事物等的名词词语，“不是”和“的”之间是“做事情的方式＋跟这个方式有关系的行为动作”时，否定的是方式。“……是……的”的问句形式可以用于表示猜测，包括猜测行为动作的方式。在“是”前加“不”，可以用于对对方猜测的否定。

The third semantic function is to negate the manner of an action. Between “不是” and “的” is “manner ＋ the action related to this mamer”, with an negate on the manner. The question form of the pattern “……是……的” means a guess about the manner of an action. By adding “不” before “是”, it is used to negate the guess.

如：

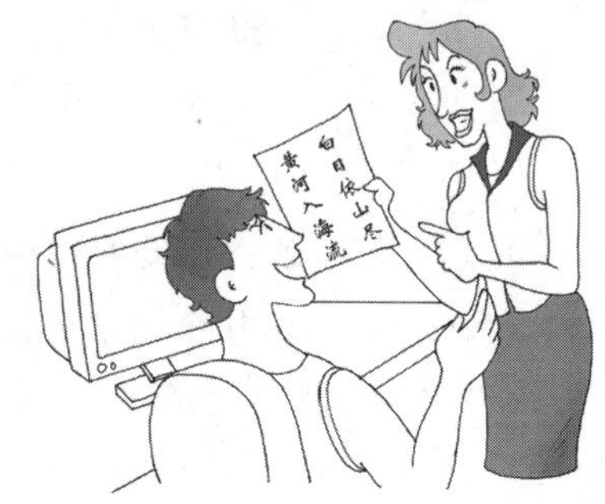

A：这些字真漂亮，你是用毛笔写的吗？

B：不是用毛笔写的，是用电脑打印的。

又如：

❶（两个人在办公室说话）

A：你是打电话通知他们的吗？

B：大部分是，但也有几个人是发短信，不是打电话通知的。

❷（厨房，妈妈问爸爸）

A：儿子是骑自行车去商店的吗？ 怎么还没回来？

B：他不是骑自行车去的，是走路去的，可能还要等一会。

☞交际练习

（这个部分既可以提供教师课堂使用，也可以提供给学习者作为交际练习使用）

1. 问答

（1）你在国内旅行是自己开车的吗？

（2）你平时是骑自行车来上课的吗？

（3）你在超市买东西是用银行卡付账的吗？

2. 全班依次询问自己旁边的同学做下列事情的方式，根据大家肯定或否定的回答找出最常用的方式

（1）如何购物（如电话购物、网上购物、商店购物等）。

（2）如何上班或上学（如走路、开车、骑车、坐地铁等）。

（3）和朋友聊天（如打电话、网上聊天、面对面聊天）。

3. 课外活动或作业

（1）几个同学一起，猜测询问各自锻炼身体的方式（如游泳、跑步等），互相作出肯定或否定的回答。

（2）几个同学一起，猜测询问各自在节日时问候朋友的方式（如打电话、发短信等），互相作出肯定或否定的回答。

（3）几个同学一起，猜测询问各自在旅行时订票、订旅馆的方式（如电话预订、网上预订等），互相作出肯定或否定的回答。

五、否定行为动作的目的

否定行为动作的目的时，可以考虑选用以下句型：

句型 2－3：不是……的

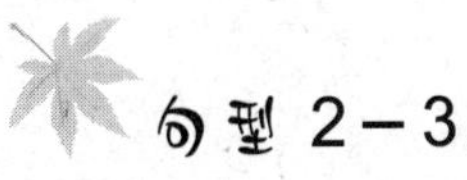

句型 2－3：

不是……的

"是……的"具有强调作用，常用于已经发生的事情，该句型有四个语义功能，其中，语义功能4可以用于强调行为动作的目的。"不是……的"用于否定。"不是"前是表示人、事物等的名词词语，"不是"和"的"之间是"跟目的有关系的事情＋目的"时，强调的是目的。"……是……的"的问句形式可以用于表示猜测，包括猜测行为动作产生的目的。在"是"前加"不"，可以用于对对方猜测的否定。

The fourth semantic function is to negate the purpose of an action. Between "不是" and "的" is "something related to a purpose ＋ the purpose". The question form of the pattern "……是……的" means a guess about the purpose or reason of the action. By adding "不" before "是", it is used to negate the guess.

如：

A：欢迎光临，请问您几位？

B：我不是来吃饭的，我是来找人的。

又如：

❶（一个中国学生和一个外国留学生聊天，中国学生问）

A：你是来学汉语的吗？

B：我不是来学汉语的，我是公司派来工作的，顺便学点儿汉语。

❷（长城上，两个游客谈话）

A：你是来北京旅游的吗？

B：不，我不是来旅游的，我是来出差的，顺便来参观长城。

☞交际练习

（这个部分既可以提供教师课堂使用，也可以提供给学习者作为交际练习使用）

1. 问答

（1）你学习汉语是为了去中国工作吗？

（2）你买电脑是为了打游戏的吗？

（3）你上次去商场是去买衣服的吗？

2. 两人一组，根据下列场景设计对话，询问及回答到此处的目的

（1）旅行社

（2）医院

（3）机场

3. 课外活动或作业

（1）列出几个可能的学习汉语的目的，询问几个同学，并让他们作出肯定或否定的回答。

（2）列出几个可能的存钱的目的，采访几个朋友，总结汇报他们的回答。

（3）采访几个朋友，问他们最近一次请假的原因，总结汇报他们的回答。

六、否认某人有某物或某处有某人、物等

否定某处有某物时，可以考虑选用以下句型：

句型 8－3：……**没有**……

句型 8－3：

……没有……

句型 8－3 可以用于表示某人或某处没有或不存在某人或某物。“没有”前一般是表示人、地方等的名词词语，“没有”后一般是表示人或物的名词词语，有时也可以是表示时间等的抽象词语。

This pattern is to say that someone does not have something or something does not exist in a place. A N/NP indicating people or places is put before “没有” and N/NP indicating someone/something, or an abstract noun is put after.

如：

A：你有汉英词典吗？

B：我没有汉英词典，我有英汉词典。

又如：

1 （在路上，一个牵着狗的孩子问另一个孩子）

A：你有狗吗？

B：我没有狗，我有三只猫。

2 （下班了，在公司门口，两个朋友对话）

A：你明天有空吗？ 我们去爬山吧。

B：我明天没空，最近工作太多了。

☞交际练习

（这个部分既可以提供教师课堂使用，也可以提供给学习者作为交际练习使用）

1. 问答

（1）你有 MP3 吗？

（2）你有自己的房子吗？

（3）明天晚上你有时间吗？

2. 两人一组，询问并回答各自的家附近是否有下列事物或场所

（1）医院、银行、邮局等。

（2）教堂、公园、停车场等。

（3）商店、饭店、酒吧等。

3. 课外活动或作业

（1）几个同学一起，互相询问并回答各自的家庭成员当中有没有从事某种职业的人（如医生、老师、司机等）。

（2）找几个不同班的同学，互相询问并回答各自班上有没有来自某个国家的人（如韩国、泰国、澳大利亚等）。

（3）采访几个来自不同国家的同学，问他们自己国家的学校宿舍里是否有某种设施（如电话、卫生间等），总结汇报他们的回答。

七、否定并更正

否定并更正时，可以考虑选用以下句型：

句型 40：……不是……，是……
……是……，不是……

句型 40：

◈**……不是……，是……**
……是……，不是……

可以用于表示反对并更正。常用来更正一件事，可以先指出错误，再说对的，也可以先说对的，再指出错误。前分句“不是”“是”的前后以及后分句“是”“不是”的后面可以是名词词语或动词词语。

These patterns are to express one's disagreement and make correction. When correcting something, you can point out the mistake or misunderstanding and then correct it, or vice versa. N/NP or V/VP can be put before “不是”/“是” and after “是”/“不是”.

如：

A：先生，这是您点的西红柿炒鸡蛋。

B：弄错了吧？我点的不是西红柿炒鸡蛋，是宫保鸡丁。

又如：

❶（商店里，顾客和售货员谈话）

A：我是想买桃子，不是想买稻子。

B：对不起，我听错了。

❷（办公室，经理问秘书）

A：刚才打电话的是小王吗？

B：不是小王，是小李。

交际练习

（这个部分既可以提供教师课堂使用，也可以提供给学习者作为交际练习使用）

1. 问答

（1）你是不是AB型血？ 如果不是，如何作出否定回答并更正？

（2）你是不是有两个哥哥和两个姐姐？ 如果不是，如何作出否定回答并更正？

（3）你是不是会说韩语和日语？ 如果不是，如何作出否定回答并更正？

2. 两人一组对话，互相询问对方下列情况是否正确，如果不是，请否定并更正

（1）是个很爱运动或旅游的人。

（2）是学习文学或法律等专业的学生。

（3）是个很保守、传统、内向的人。

3. 课外活动或作业

（1）几个同学一起，猜测彼此的爱好是什么，如果不正确，互相更正。

（2）几个同学一起，猜测彼此经常买东西的地方是哪里，如果不正确，互相更正。

（3）几个同学一起，猜测彼此将来最想做的工作是什么，如果不正确，互相更正。

赞同（反对）

Approving (Opposing)

表示赞成（反对）时，可以考虑选用以下句型：

句型 27：……**吧**

句型 53－3：……（**不**）**同意**……

……吧

该句型有四个语义功能，其中语义功能 3 可以用于表示命令或同意。“吧”的前边可以是名词、动词、小句子，还常常是形容词“好”。

This pattern has four semantic functions. The third one means agreement or an order. In front of “吧” can be nouns, verbs, clauses, or the adjective “好”.

如：

A：咱们跑几步吧，火车快要开了。

B：好吧，听你的。

又如：

1（和朋友打电话）

A：这件事，你再好好想想吧。

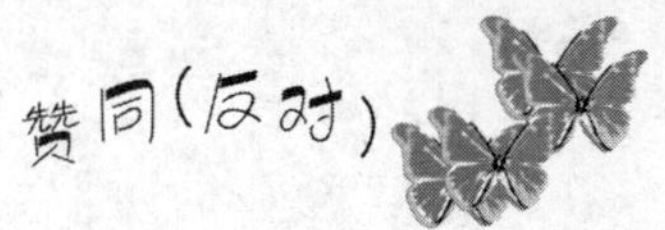

B：好吧。

❷（孩子刚刚放下电话，跟妈妈说）

A：妈妈，小李病了，我想去看看他。

B：你去吧，他需要你帮忙。

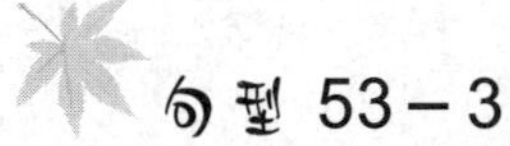

句型 53-3：

◈……（不）同意……

可以用于表示是否同意某事，表示对有关某事的计划、安排等的意见。“不”前是表示人的名词，“同意”后可以是一句话，也可以是动词或动词短语，有的时候可以省略“同意”后边的词语。

This pattern is to express one's opinion on a plan or arrangement of something. “同意” can be followed by nothing, or V/VP, or a clause.

如：

A：我们明天换一个旅馆好吗？

B：我们不同意换旅馆，这家旅馆很舒服。

又如：

❶（几个人在会议室开会，一个人说）

A：我建议你们马上开始工作。

B：我们同意马上开始。

❷（两个人在谈论学习汉语的方法）

A：我们应该记住这些句子和语法。

B：我不同意你的看法，我们应该多多练习，而不是记住。

☞交际练习

（这个部分既可以提供教师课堂使用，也可以提供给学习者作为交际练习使用）

1. 问答

（1）你能把窗户打开吗?

（2）问他人是否同意周末加班。

（3）问学生是否同意缩短假期。

2. 四人一组，讨论是否同意下面的建议

（1）飞机票价不应该根据淡季、旺季而调整。

（2）找工作不应该有试用期。

（3）手机单向收费。

3. 课外活动或作业

（1）采访并汇报几位抽烟的人和不抽烟的人对于禁烟是否同意。

（2）采访并汇报几个上班远和上班近的人对于提早开始上班时间的建议是否同意。

（3）采访并汇报人们是否同意增加午休时间。

建　议

Suggesting

表示建议时，可以考虑选用以下句型：

句型 22－3：……**是不是**……

句型 27：……**吧**

句型 53－1：……**建议**……

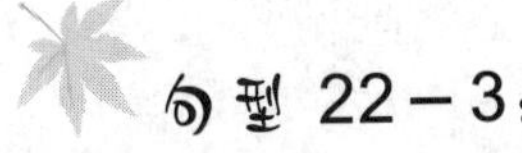

句型 22－3：

◇……是不是……

该句型有两个语义功能，其中，语义功能 2 可以用于建议对方做某事，这样的问句主要是建议、请求别人做一件事，也是试探地问。

This pattern has two semantic functions. The second one is to make a suggestion or request. The question form is a polite way to ask someone to do something.

如：

A：这几句话写得不太好，你是不是修改修改？

B：好的，谢谢老师。

又如：

❶（打电话）

A：这个事情太复杂，电话里说不清楚，你看，你是不是过来一趟？

B：可是我现在走不开，明天再找你吧。

❷（学生宿舍，一个人躺在床上，一个人在看电视）

A：大卫，我不舒服，想睡觉，你是不是把电视声音关小点儿？

B：好的。

句型27：

◈……吧

该句型有四个语义功能，其中语义功能1可以用于表示商量、建议做一件事。“吧”前边一般是小句子、动词词语或形容词词语。

This pattern has four semantic functions. The first one is to consult about or advise on something. In front of “吧” is usually a clause, V/VP or adjective.

如：

A：太贵了，便宜点吧？

B：好，你给三块五吧，这是最低价了。

又如：

❶（办公室，同事们商量去哪儿吃饭）

A：我知道有家火锅店不错，咱们去那儿吃火锅吧。

B：好啊，我早就想吃涮羊肉了。

❷（一家人从家里往外走，妻子对丈夫说）

A：路很近的话，我们走路去吧，公共汽车太挤了，打车又太贵。

B：我同意，走路不仅省钱还可以锻炼身体。

句型 53－1：

◈……建议……

该句型可以用于向其他人提出建议，“建议”前常常是表示人的名词词语，“建议”后可以是一句话，也可以是动词词语。

This pattern is to make a euphemistic suggestion. A noun or personal pronoun is put before “建议” and a clause or V/VP is put after.

如：

A：我们去跑步吧？

B：今天比较热，我建议去游泳。

又如：

❶（几个同学在教室里谈话）

A：我们下星期一考试。

B：我建议大家马上开始复习。

❷（房间里，一个人手扶着额头，对另一个说）

A：我的头很疼。

B：我建议你去医院。

☞交际练习

（这个部分既可以提供教师课堂使用，也可以提供给学习者作为交际练习使用）

1. 问答

（1）房间很热，你会提什么建议？

（2）朋友想减肥，你会提什么建议？

（3）有人生病了，你会提什么建议？

2. 准备一些场景让学生自己设计对话，一人表演动作，一人提出建议

（1）一个人捂着肚子蹲在地上。

（2）一个人抱着膀子，看上去很冷。

（3）一个人趴在桌子上看书，姿势不正确，眼睛离书太近。

3. 课外活动或作业

（1）采访几个人，对于晚上睡不好觉的人有什么建议，总结汇报。

（2）采访几个汉语学得很好的朋友，问他们对刚开始学汉语的人有什么建议，总结汇报。

（3）采访几位英语国家的朋友，让他们给学习英语的中国学生提一些建议，总结汇报。

评 价

评价的内容包括很多方面，比如：积极的评价、消极的评价、理性的评价等。分别介绍如下：

Evaluating

This part includes positive evaluation，negative evaluation and reasonable evaluation.

一、积极的评价

表示积极的评价时，可以考虑选用以下句型：

句型 44：**太**＋adj. ＋**了**

句型 44：

太＋adj. ＋**了**

该句型有两个语义功能，其中语义功能 1 表示积极的评价，跟“很＋adj.”同向，如“太好了”等于“很好”。此时，“太＋adj. ＋了”里的 adj. 是表示满意、喜欢、好等的形容词，如“好、漂亮、美、可爱”等。如果 adj. 没有明显的如意或不如意，那么“太＋adj＋了”就可能表示积极的评价，也可能表示消极的评价，如“这个公园太大了，我们多玩一会儿”、“这件衣服太大了，我穿着不合适”。

This pattern has two semantic functions. The first one is to express positive evaluation and means the same as "很＋adj.". For example, "太好了" is equal to "很好". The adjective in the pattern refers to words indicating one's like or satisfaction, such as "好、漂亮、美、可爱". If the adjective itself does not imply any satisfaction or dissatisfaction, the evaluation expressed by "太＋adj.＋了" may be either positive or negative. For example, the sentences "这个公园太大了，我们一定多玩一会儿" and "这件衣服太大了，我穿着不合适".

如：

A：我们明天不上课，我们去爬山。

B：太好了！

又如：

❶（几个学生站在山上看风景）

A：这里的风景真是太美了！

B：是啊，快来拍照吧。

❷（孩子满头大汗从外面进来，一边开冰箱，一边说）

A：太好了，有这么多冰淇淋。

B：虽然天气很热，也不要吃太多。

☞交际练习

（这个部分既可以提供教师课堂使用，也可以提供给学习者作为交际练习使用）

1. 问答

（1）问他人觉得中国的长城怎么样。

（2）问他人电脑这项发明怎么样。

（3）问他人到夏威夷度假怎么样。

2. 准备一些图片让学生们来做评价

（1）瑞士雪山的美景。

（2）一个漂亮宝宝。

（3）一桌精美的饭菜。

3. 课外活动或作业

（1）采访几位同学，问他们对自己上过的比较满意的课有何评价。

（2）采访几个经常坐飞机出行的人，问他们对自己比较满意的空中服务有何评价。

（3）采访几个爱看电影的朋友，问他们对自己喜欢的各类电影有何评价。

二、消极的评价

表示消极的评价时，可以考虑选用以下句型：

句型 43－1：**已经……了，（……）**

句型 43－2：**都……了，（……）**

句型 44：**太**＋adj.＋**了**

句型 43－1：

◇已经……了，（……）

可以用于表示到某个时间了或者达到多长时间了。“已经”后是表示时间的名词性词语，可以确切表示几点、几号、星期几、几月等，也可以表示时间的长短，如几个小时、几天、几个月等。“了”后是动词词语或小句子，如果说话人能明白，“了”后的内容有时候可以不说。

This pattern indicates it is already at a certain point of time or a certain period of time. After “已经” is a time expression indicating either a specific time like the hour, date, day of the week, month, or a duration of time, like several hours, days or months. After “了” is usually a V/VP or clause, which can be omitted when both sides in the conversation are clear about the context.

如：

A：已经12点了，你怎么还不睡觉？

B：我马上就睡。这部电影太精彩了。

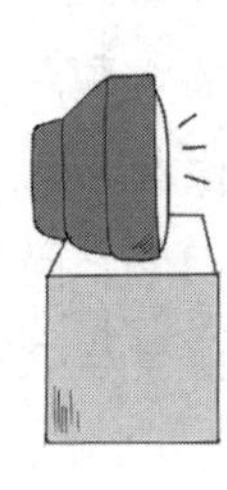

又如：

❶（两个朋友打电话）

A：听说小王结婚了，是吗？

B：是，已经半年了，你怎么才知道？

❷（香烟专卖店，店员对一位个头挺小的顾客说）

A：对不起，我们不向未成年人出售香烟。

B：这是证件，你看清楚，我已经21岁了。

句型 43－2：

◇都……了，（……）

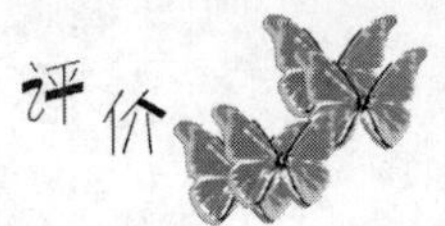

可以用于表示到某个时间了或达到一定时间了，但是该做的事情还没有做，常常含有不满的意思。“都”后是表示时间的词语，可以确切表示几点、几号、星期几、几月等，也可以表示时间的长短，如几个小时、几天、几个月等。“了”后是动词词语或小句子，如果说话人能明白，有时候可以不说。

This pattern is to say that it is already at a certain point of time or a certain period of time. It implies that something should have happened but did not, hence some dissatisfaction. After“都” is a time expression which indicates either an exact time such as the hour, date, day of the week or month, or a period of time such as several hours, days or months. After“了”is usually a V/VP or clause, which can be omitted when both sides in the conversation are clear about the context.

如：

A：都8点了，你怎么还不起床？

B：让我再睡一会儿吧，今天是周末。

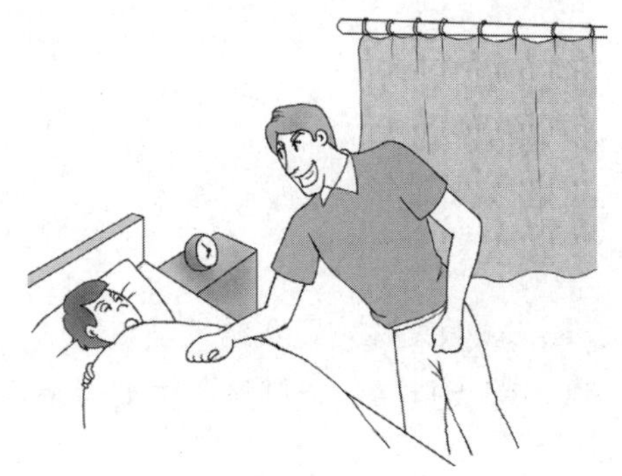

又如：

❶（学生宿舍，两个学生谈话）

A：我真想马上回家，特别想我妈妈。

B：都好几年了，是应该回去了。

❷（小公园里，大树下，长椅上，两个女孩儿谈心）

A：我喜欢三班的那个男生，但是不好意思跟他说。

B：怕什么？都21世纪了，思想还那么不开放。

句型44：

◇太＋adj.＋了

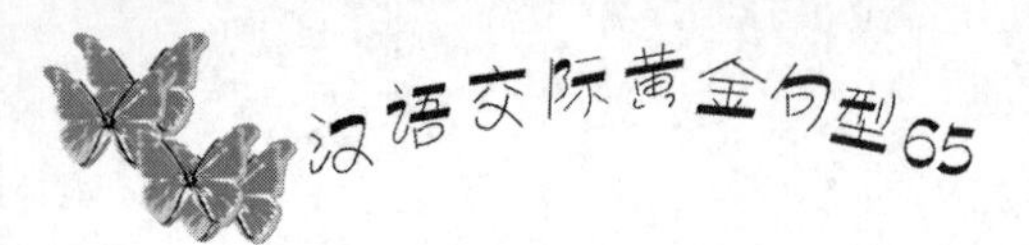

该句型有两个语义功能，其中语义功能 2 表示消极的评价，跟“很＋adj.”异向，表示程度过分高。如“太晚了”不等于“很晚”，而是表示说话人不太满意，认为太迟了。此时，“太＋adj.＋了”里的形容词是表示不如意的，如表示天气的“热、冷”、表示时间的“晚”、表示感觉的“累”、表示味道的“苦、臭”、表示速度的“慢”等。

This pattern has two semantic functions. The second one is to express a negative opinion of something, which implies that it is too "adj." to do something. Unlike Function 1 explained earlier, this function is different from that of "很＋adj.". For example, "太晚了" does not mean "很晚", but means it is too late for something in the speaker's eyes. The adjective in "太＋adj.＋了" indicates one's dislike or dissatisfaction, such as "热、冷", "晚", "累", "苦、臭", "慢".

如：

A：我爱你，跟我结婚吧！

B：太晚了，我已经答应别人了。

又如：

❶（两个人打电话）

A：我决定跟你一起游泳。

B：太累了，明天再去吧。

❷（摆满金银首饰的橱窗前，两个朋友）

A：那个项链真漂亮，很适合你。

B：适合我也没有用，你看那价钱，太贵了，我根本买不起。

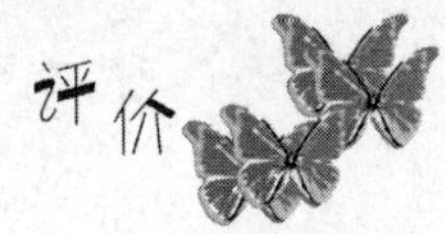

☞交际练习

（这个部分既可以提供教师课堂使用，也可以提供给学习者作为交际练习使用）

1. 问答

（1）问他人上班高峰时坐公共汽车感觉怎么样。

（2）问他人爬山爬了一整天之后感觉怎么样。

（3）问他人大热天在太阳下跑步感觉怎么样。

2. 准备一些图片，一人描述场景，另一人根据场景表达感受

（1）一个人在开车，路上交通堵塞。

（2）一个人在沙漠里行走，手里拿着一个空瓶子。

（3）一个人在商店试衣服，衣服又长又大不合适。

3. 课外活动或作业

（1）采访几个行人，汇报他们对上下班高峰的交通状况有何评价。

（2）采访几个朋友，汇报他们对不满意的餐馆有何评价。

（3）采访几个爱看电影的朋友，汇报他们对不喜欢的电影有何评价。

三、理性的评价

表示理性的评价时，可以考虑选用以下句型：

句型 52：……，**只是**……

句型 52

……，只是……

该句型有两个语义功能，其中语义功能 1 可以用于在积极的评价之后指出不足，先说好的方面，再说不好的方面。这时，“只是”的前面是积极评价，“只是”的后面是消极的评价。（语义功能 2 可以用于在消极的评价后指出优点，详见下。）

This pattern has two semantic functions. One is to show the speaker's approval of something and then point out its weakness. Positive evaluation goes before "只是" and negative one goes after. (Details for Function 2, see below.)

如:

A: 我们就到这家饭馆吃饭吧。

B: 这家菜的味道还不错，只是太贵了。前面那家怎么样?

又如:

❶（一个人在看电视天气预报，同屋问他）

A: 天气预报说明天会下雨吗?

B: 不会，只是比较热。

❷（在办公室，经理对秘书说）

A: 开会的事情都安排好了吗?

B: 差不多，只是会议室有点儿小。

句型52语义功能2可以用于在消极的评价之后指出优点，先说不好的方面，再说好的方面。这时，"只是"的前面是消极评价，"只是"的后面是积极的评价。

The second semantic function is to introduce the speaker's negative evaluation of something first and then point out its good points. Negative evaluation goes before "只是" and positive one goes after.

如:

A: 这件衣服怎么样?

B: 不太好。价钱很贵，样子也不流行，只是质量还不错。

又如：

❶（在一家酒吧，两个人聊天）

A：你喜欢这家酒吧吗？

B：不太喜欢，这儿的酒不太好，只是价钱比较便宜。

❷（电影院门口，两个人一边往外走，一边谈论）

A：你觉得这部电影好吗？

B：内容一般，演员也不太好，只是音乐还不错。

☞交际练习

（这个部分既可以提供教师课堂使用，也可以提供给学习者作为交际练习使用）

1. 问答

（1）问学生看到一件很好看但价钱贵的衣服会有什么评价。

（2）问学生对于一家饭菜好但服务差的餐馆应该怎样评价。

（3）问学生对于一家环境一般但服务很好的宾馆应该怎样评价。

2. 两人一组讨论下列事物的好处和坏处，并作出评价

（1）上网。

（2）快餐。

（3）出租车。

3. 课外活动或作业

（1）采访几个人，和他们讨论网上购物的好处与坏处。

（2）采访几个同学，和他们讨论某位老师上课方法的优点与不足。

（3）采访几个朋友，和他们讨论手机的广泛使用对人们的生活有哪些好处和坏处。

比 较

比较的内容包括很多方面，比如：比较双方有无相似之处，在某方面一方比另一方更突出，在某方面一方没有另一方特点突出等。 分别介绍如下：

Comparing

This part talks about comparison and contrast. A lot of patterns can be used to compare. For exemple, you can compare the two sides if they share something in common or one side is of a higher/lower degree than the other side, etc.

一、比较双方有无相似之处

比较双方有无相似之处时，可以考虑选用以下句型：

句型 48－1：……**像**……**一样**（……）

句型 56－1：……**跟**/**和**……**一样**（……）

句型 57－1：……**跟**/**和**……**差不多**（……）

句型 48－1：

◇……像……一样（……）

该句型有两个语义功能，其中语义功能 1 可以用于说明两个事物有一样的特点。“像”前后常常是名词词语，“一样”的后面一般是形容词或动词短语。

This pattern has two semantic functions. The first one is to say that two people or things share something in common. N/NP are often used both before and after “像”. “一样” is followed by adjectives, or verb phrase.

如：

A：咱们的女儿漂亮吗？

B：不是我夸张，她真的像明星一样漂亮。

又如：

❶（老朋友见面）

A：你弟弟最近怎么样？

B：他又长高了，还像过去一样爱踢足球。

❷（电影海报前，两个人在讨论）

A：这个电影的故事很一般呀，你为什么那么喜欢？

B：主要是想看这个演员，你看，他的笑容像阳光一样灿烂。

句型 48－1 语义功能 2 也可以用于表示某物和他物都有相同的特点，但说话的双方都明白、知道这特点是什么。因此“一样”后面的内容可以不出现，不说出来，比较暗含在上下文里。

The second semantic function also means that two people or things share something in common. As both sides in the conversation know about this shared feature, the contents after “一样” can be omitted. That is to say, the comparison is implied in the context.

如：

A：看，这是我男朋友。

B：真帅气，你瞧，他的笑容像阳光一样。

又如：

❶（多年没见的朋友打电话）

A：好几年没见了，你女儿也长大了吧？

B：长成大姑娘了，也变漂亮了。朋友们都说她像电影明星一样呢。

❷（山坡上，两个登山者在前面，另一个远远落在后面）

A：小李还没赶上来，我们要等他一下吗？

B：到山顶等他吧，他总是像乌龟一样。

◈……跟/和……一样（……）

句型 56－1 有两个语义功能，语义功能 1 可以用于比较某物和他物是否具有相同之处，“跟/和”的前后常常是名词词语。如果否定，请注意“不”的位置。

This pattern has two semantic functions. Function one compares one thing with the other. The positive form means they have something in common. The negative form means they are different. Before and after “跟/和” can be N/NP, V/VP or clauses. “不” in the negative form is put before “一样”.

如：

A：这本词典好吗？

B：不错。我的词典和这本一样。

又如：

❶（三个人见面，两个人穿的衣服一样，另一个问）

A：这么巧？你的衣服和她的一样。

B：我们一起买的。

❷（两个人在商店买东西）

A：这家商店的东西有点儿贵，去那家商店怎么样？

B：那家商店跟这家一样，别跑来跑去了。

句型 56－1 语义功能 2 可以用于比较某物和他物是否具有某种相同之处，“跟/和”前后都是名词词语、动词词语或小句子，“一样”的后面可以是形容词，也可以是“喜欢、爱”这类心理动词、动词词语或小句子。如果用形容词，前面一般没有“很”“非常”之类的词语。表示否定意义时，句型里用形容词或心理动词、动词、小句子时，“不”的位置不一样。句型可分别写成“……跟/和……（不）＋一样＋adj.”和“……跟/和……一样（不）＋心理动词等”。

Function 2 of pattern 56－1 compares one thing with the other. Before and after “跟/和” can be N/NP, V/VP or clauses. After “一样” can be psych verbs like “喜欢、爱”, a VP, clause or adjective. If it is an adjective, then adverbs like “很、非常” should not be used in front of it. According to the different contents following “一样”, “不” should be put in different places, hence the two different negative forms of this pattern, that is, “……跟/和……（不）＋一样＋adj.”和“……跟/和……一样（不）＋ psych verbs/VP/clause”.

如：

A：这件衣服有点儿小，给我那件试一试吧？

B：那件衣服跟这件一样大，你换个款式吧。

又如：

❶（商店里，两个人边逛边聊）

A：你觉得这儿的东西怎么样？ 比你常去的那家便宜吧？

B：还行。不过，这儿的东西和我常去的那家商店的东西一样贵。

❷（打电话）

A：听说你买了一辆新车，什么样的？

B：我的车跟你的车一样大，但是颜色比你的车更亮。

句型 57－1：

◈……跟/和……差不多（……）

句型 57－1 有两个语义功能，其中语义功能 1 可以用于比较某物和他物是否具有相同之处。“跟/和”前后常常是名词词语。一般没有否定格式，相反的说法常常是“……跟……不一样”。

This pattern has two semantic functions. Function 1 compares one thing with the other and indicates that they both are quite similar. This pattern has no negative form. The pattern opposite to it in meaning is “……跟……不一样”.

如：

A：小李的工作和我的工作差不多吧？

B：他的工作跟你的不一样，他是木工，你是电工。

又如：

❶（一个人在看天气预报，另一个人问）

A：明天的天气好吗？

B：明天的天气跟今天差不多。

❷（秘书跟经理说）

A：经理，你要去机场接小张了，他的个子高吗？

B：他个子和你差不多，比你瘦一点儿。

句型 57－1 的语义功能 2 可以用于比较某物和他物是否具有某种相同之处。"跟/和"前后都是名词词语或动词词语，"差不多"后常常是形容词，用于比较某物与他物在该形容词表示的方面有无相似之处。否定的回答常常是"……跟……不一样……"。形容词前一般没有"很""非常"等词语。

This pattern Function 2 of pattern 57－1 compares one thing with the other and indicates that they both are quite similar. "差不多" is usually followed by adjectives without adverbs like "很" "非常" in front of them. The negative form is "……跟……不一样……".

如：

A：这两个国家的大小一样吗？

B：这两个国家差不多大。

又如：

❶（服装店，顾客问服务员）

A：那件衣服大一点儿吧？

B：那件衣服和这件衣服差不多大。

❷（地铁站口，两个人拿着地图商量参观路线）

A：这儿离故宫远还是离颐和园远？

B：差不多远。

☞交际练习

（这个部分既可以提供教师课堂使用，也可以提供给学习者作为交际练习使用）

1. 问答

（1）比较中国和印度的相似之处（人口）。

（2）小孩子的笑脸像什么？

（3）天上的白云像什么？

2. 两人一组讨论下列各组中两个事物的相似之处

（1）英国人和美国人。

（2）食堂和饭馆。

（3）地铁和公共汽车。

3. 课外活动或作业

（1）采访两位朋友，了解他们的成长经历，汇报他们在哪方面有相似之处。

（2）采访两位同学，了解他们平时学习汉语的习惯和方法，汇报有哪些相似之处。

（3）采访几位朋友，了解他们的一些日常生活方式，汇报有哪些相似之处。

二、在某方面，一方比另一方更突出

表示在某方面一方比另一方更突出时，可以考虑选用以下句型：

句型 58－1：……**比**……（＋**更**/**还**）……

句型 58－2：（……＋adj. /verb……），……**比**……＋（**更**/**还**）＋adj. /verb

句型 58－3：（……）**和**/**跟**……**比**，……（**更**）＋adj. /verb

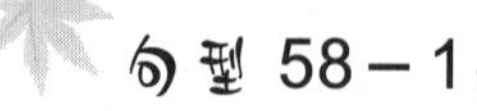

句型 58－1：

◈……比……（＋更/还）……

可以用于比较两个事物。“比”前后是比较的双方，常为名词或代词词语，有时也可以是动词词语。“更/还”的后面常是形容词或表示心理的“喜欢”等心理动词，用于说明在形容词或心理动词所表示的方面，“比”前的对象比“比”后的对象程度更高。形容词或心理动词前不能有“很、非常、十分”这样的副词词语。如果否定，要说“……不比……（＋更/还）……”，见句型59。

This pattern means that one thing is of a higher degree than the other in the aspect expressed by the adjectives or psych verbs. Adverbs like “很、非常、十分” should not be used before the adjectives or psych verbs, but “更、还” can. The negative form of this pattern is “……不比……（＋更/还）……” as shown in Pattern 59.

如：

A：这种啤酒和那种啤酒哪一种味道好？

B：这种啤酒比那种好。

又如：

❶（客厅，丈夫刚看完天气预报，妻子问）

A：明天的天气好吗？

B：明天的天气比今天好。

❷（两个人在电影院前偶遇，一个问）

A：我很喜欢看电影，每个月至少来这儿一次。你常来吗？

B：我比你更喜欢看电影，每周末都来。

句型 58－2：

◈ **（……＋adj. /verb），……比……＋（更/还）＋adj. /verb**

可以用于比较两个有同样特点的事物，指出哪个的特点更突出。“比”前后都是名词词语或动词词语，前一句子中 adj. /verb 前的内容和后一句子中“比”后的内容相同。

This pattern is to say that two things have something in common, one of which is of a higher degree. There are two clauses in this pattern, the contents before the adjective/verb in the former clause is the same as those after “比” in the latter one.

如：

A：这儿的东西很贵，去那家吧？

B：你说这儿贵，那家商店比这儿更贵。

又如：

1（一家人谈话，孩子说）

A：我的考试成绩很好，今天非常高兴。

B：你高兴，我们比你还高兴。

2（几个人在看电视）

A：我很喜欢看电视。

B：小李比你更喜欢看电视。

句型 58－3：

◇ （……）和/跟……比，……（更）＋adj. /verb

可以用于比较两种事物，说明其中一个的特点更突出。“和/跟”前后一般都是名词词语或动词词语，“更”后是形容词或“喜欢”这样的心理动词。

This pattern means the same as Pattern 58－2 explained above. It is just another way to express that one thing is of a higher degree than the other in some aspect.

如：

A：你觉得这几个菜怎么样？

B：很不错，特别是跟那家饭馆比，这里的味道更好。

又如：

❶（两个人在电脑前上网，一个人对另一个人说）

A：我很喜欢在网上看新闻、听音乐，你呢？

B：那多没意思。跟看新闻、听音乐相比，我更喜欢在网上聊天儿，玩网络游戏。

❷（学生宿舍，两个学生谈未来的工作）

A：公务员工资并不高，时间也不自由，你为什么要当公务员呢？

B：这你就不知道了吧？跟公司职员相比，公务员工作更稳定，福利也更好，这才是最重要的。

☞交际练习

（这个部分既可以提供教师课堂使用，也可以提供给学习者作为交际练习使用）

1. 问答

（1）印度的夏天和中国相比怎么样？

（2）骑车的速度和走路相比怎么样？

（3）坐出租车的价钱和坐公共汽车的价钱相比怎么样？

2. 两人一组，讨论自己对下列话题的看法或态度

（1）几种运动，如乒乓球、足球、游泳、跑步、瑜珈等。

（2）几种休闲活动，如看电影、聊天、购物、唱卡拉 OK 等。

（3）几种出行方式，如坐火车、坐飞机、自己开车等。

3. 课外活动或作业

（1）和朋友讨论附近几家餐馆的饭菜质量、价格、服务等，比较并总结汇报。

（2）采访几个学过多种外语的人，问他们对不同外语的态度、兴趣等，比较并总结汇报。

（3）采访几个人对附近几家超市的商品质量、价格、购物环境等方面的不同意见，比较并总结汇报。

三、在某方面，一方没有另一方特点突出

在某方面一方没有另一方特点突出时，可以考虑选用以下句型：

句型 59－1：……**没有**……（**那么/这么**）……

句型 59－2：……**不如**……（**那么/这么**）……

句型 59－3：……**不比**……＋adj. /verb/……

句型 59－1：

……没有……（那么/这么）……

可以用于比较说明在某方面"没有"后的事物特点更突出。两种事物之一常常说得比较简单，比如"我开车没有你开车快"，可以说成"我开车没有你快"。注意"没有"的位置。"没有"前后都是名词词语、动词词语或小句子，"那么/这么"后一般是"冷、热、大、小、高、低"等形容词词语，也可以是表示心理的动词词语，如"喜欢"等，有时也可以是其他动词词语。

This pattern means that one thing is of a lower degree than the other in some aspect，which functions the same as Pattern 58－2 and Pattern 58－3，but the other way round. One thing is usually simpler in form. For example，"我开车没有你开车快" can be shortened into "我开车没有你快". Please pay attention to the position of "没有". Before and after "没有" are N/NP，V/VP or clauses. "那么/这么" is usually followed by adjectives like "冷、热、大、小、高、低"，psych verbs like "喜欢"，or some other verbs.

如：

A：我非常喜欢滑冰，现在每天都滑冰。

B：我没有你那么喜欢滑冰，我更喜欢打篮球。

又如：

❶（两个人走出教室，刚考完试）

A：我很紧张，忘了很多生词。

B：我觉得还不错，我没有你那么紧张。

❷（两个人在自行车商店）

A：这辆自行车要两千块！ 太贵了。

B：那边那辆没有这么贵，看看那辆吧。

句型 59－2：

……不如……（那么/这么）……

可以用于比较，说明在某方面“不如”后的事物特点更突出。两个事物之一常常说得比较简单，比如“我开车不如你开车快”，可以说成“我开车不如你快”。“不如”前后都是名词词语、动词词语或小句子，“那么/这么”后一般是表示如意的形容词词语，如：“好”“漂亮”“宽敞”等。有时也可以是表示心理的动词词语，如“喜欢”等，有时也可以是其他动词词语。

This pattern functions the same as Pattern 59 – 1 above. Before and after “不如” are N/NP, V/VP or clauses. “那么/这么” is usually followed by adjectives like “好” “漂亮” “宽敞” which indicate certain satisfaction. Sometimes psych verbs like “喜欢” or other verbs can be used as well.

如：

A：这种药和那种药都可以治拉肚子吧？

B：对，不过，那种药不如这种药效果好、见效快。

又如：

❶（在朋友家，看全家福照片：爸爸、妈妈、哥哥、弟弟。一个人说）

A：孩子们真可爱，哥哥比弟弟健壮多了。

B：不错，不过他不如弟弟聪明，有时还被弟弟欺负呢。

❷（小会议室，很多人往外走，有个人问秘书）

A：为什么要去那个房间？这儿不挺好的吗？

B：参加会议的人数增加了，这个房间不如那个房间宽敞。

句型 59－3：

……不比……＋adj. /verb/……

可以用于比较，说明在 adj. /verb 所表示的方面两个事物差不多，或者表示“不比”前的事物可能比“不比”后的事物程度更低。后一事物常常说得比较简单，比如“我开车不比你开车快”，可以说成“我开车不比你快”。“不比”前后都是名词词语、动词词语或小句子，adj. 是“冷、热、大、小、高、低”等形容词词语，verb 是表示心理的动词词语，如“喜欢”等，有时也可以是其他动词词语。

This pattern indicates that two things are more or less the same in certain aspect, or one thing is at a lower degree than the other. Before and after “不比” are N/NP, V/VP or clauses. The adjective is adjectives like “冷、热、大、小、高、低”. The verb is psych verbs like “喜欢”, or some other verbs.

如：

A：汉语比别的语言难学吗？

B：外语都很难学，但是，汉语不比别的语言更难学。

又如：

❶（在大街上，两家商店前，两个人在谈话）

A：这的东西比那家商店贵吗？

B：差不多，这的东西不比那家商店贵。

❷（两个人背着旅行包在车站）

A：坐火车比坐汽车快吗？

B：坐火车不比坐汽车快，有时差不多，有时还要慢一点儿。

☞交际练习

（这个部分既可以提供教师课堂使用，也可以提供给学习者作为交际练习使用）

1. 问答

（1）秋天的温度和冬天相比怎么样？

（2）日本的面积和中国相比怎么样？

（3）美国的人口和中国相比怎么样？

2. 两人一组，讨论自己对下列话题的看法或态度

（1）几种运动，如乒乓球、足球、游泳、跑步、瑜珈等。

（2）几种休闲活动，如看电影、聊天、购物、唱卡拉 OK 等。

（3）几种出行方式，如坐火车、坐飞机、自己开车等。

3. 课外活动或作业

（1）和朋友讨论附近几家餐馆的饭菜质量、价格、服务等，比较并总结汇报。

（2）采访几个学过多种外语的人，问他们对不同外语的态度、兴趣等，比较并总结汇报。

（3）采访几个人对附近几家超市的商品质量、价格、购物环境等方面的不同意见，比较并总结汇报。

强 调

强调的内容包括很多方面，比如：强调时间，强调方所，强调方式，强调目的，强调事物数量或行为动作的次数少甚至没有，强调一定要进行某种行为动作，强调某种状态不存在，强调人、事、物某一方面的特点非常突出，超出常理应有的程度等。分别介绍如下：

Emphasizing

This part includes the emphasis on time, place, manner, purpose, number or amount, times of an action, etc. Besides, you can emphasize something that must be carried out, something or some state that does not exist, the outstanding character of someone or something, etc..

一、强调时间

强调时间时，可以考虑选用以下句型：

句型 2－1：……**是**……**的**

句型 2－1：

◈……**是**……**的**

该句型有四个语义功能，其中，语义功能 1 可以用于强调时间。“……是……的”常用于已经发生的事情，“是”前一般是表示人、事物等的名词词语，“是”和“的”中间是“表示时间的名词词语＋跟这个时间有关系的事情”，但强调的是时间。

This pattern has four semantic functions. The first one is to emphasize time. It is usually used to talk about a past action. Before “是” is a N/NP. Between “是” and “的” is “time expression ＋ something related to this specific time”, with the emphasis on time.

如：

A：飞机是 8 点到的吗？ 乘客怎么还没有出来？

B：不，飞机是 8 点 30 分到的，刚降落 5 分钟。

又如：

❶（在电影院，电影还没开始，两个观众谈话）

A：你是几点来的？

B：我是 8 点来的。

❷（在酒吧，一个中国人和一个外国人一边喝酒一边聊天，中国人问）

A：你是什么时候来北京的？

B：我是 6 月 29 号来北京的。

☞交际练习

（这个部分既可以提供教师课堂使用，也可以提供给学习者作为交际练习使用）

1. 问答

（1）你今天早上是几点起床的?

（2）我们今天是几点开始上课的?

（3）你是什么时候开始学习汉语的?

2. 课堂活动

（1）两人一组，互相询问对方昨天是什么时候吃早饭、午饭和晚饭的。

（2）两人一组，互相询问对方是什么时候开始上小学和中学的。

（3）依次询问他人的电脑是什么时候买的，看班上同学谁的电脑最新。

3. 课外活动或作业

（1）询问几个朋友去年是什么时候去度假的。

（2）询问几个学汉语的朋友有没有去过中国，是什么时候去的。

（3）询问几个外国朋友各自的国家有没有举办过奥运会，是哪一年举办的。

二、强调方所

强调方所时，可以考虑选用以下句型：

句型 2－1：……是……的

句型 2－1：

……是……的

句型 2－1 主要用于强调已经发生的事情，该句型有四个语义功能，其中，语义功能 2 可以用于强调地方。“是”和“的”之间是“地方＋跟这个地方有关的动作”，但强调的是已经发生的某个动作跟某个地方的关系，表示地方的词语前常常有“从、在”这类介词。当动词带有宾语时，宾语往往放在“的”后，或提到主语前。

The second semantic function of this pattern is to emphasize place. Between “是” and “的” is “place ＋ something related to this place”, with the emphasis on the relationship between the place and the action involved. Prepositions like “从、在” are usually put in front of the words of place. When the verb is followed by an object, the object is usually put after “的” or before the subject.

如：

A：你这本书是在哪儿买的？

B：这本书是在西单图书大厦买的。

又如：

❶（在学校，新学期刚开始，新同学刚刚入校，两个学生在校园里聊天）

A：你是从南方来的吗？你的口音像南方人。

B：对，我是从南方来的。

❷（在大街上，一个人推着自行车，和另一个人谈话）

A：你不是说你的自行车丢了吗？是在哪儿找到的？

B：是在酒吧门口找到的。昨天，我喝醉了。

☞交际练习

（这个部分既可以提供教师课堂使用，也可以提供给学习者作为交际练习使用）

1. 问答

（1）你在哪儿出生的？

（2）你的手机是在哪儿买的？

（3）你在哪儿上小学的？

2. 课堂活动或游戏

（1）两人一组，互相询问对方昨天的早饭、午饭和晚饭是在哪儿吃的。

（2）两人一组，互相询问对方的衣服、裤子、鞋是在哪儿买的。

（3）两人一组，各自说出几部电影，问对方有没有看过，分别是在哪儿看的。

3. 课外活动或作业

（1）询问几位朋友前几年有没有去度假，机票、车票等是在哪儿订的。

（2）询问几位朋友，问他们家的各种家用电器（如彩电、冰箱、洗衣机等）都是在哪儿买的。

（3）询问几位朋友，问他们平时都是在哪儿做运动的。

三、强调行为动作的方式

强调行为动作的方式时，可以考虑选用以下句型：

句型 2－1：……是……的

句型 2－1：

◈……是……的

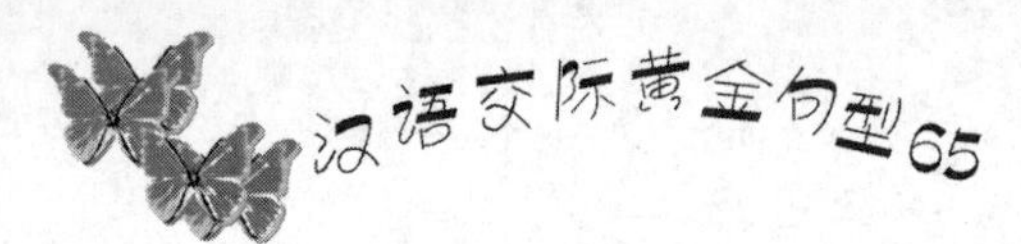

“……是……的”具有强调作用，常用于已经发生的事情，该句型有四个语义功能，其中，语义功能 3 可以用于强调行为动作的方式。“是”前是表示人、事物等的名词词语，“是”和“的”之间是“做事情的方式＋跟这个方式有关系的行为动作”，但强调的是方式。

The third semantic function of this pattern is to emphasize the manner of an action. Between “是” and “的” is “manner ＋ an action related to this manner”, with the emphasis on the manner.

如：

A：外面正堵车吧？ 你是怎么来的？

B：还好，我是骑自行车来的。

又如：

❶（在火车站，一个人匆忙赶到，满头大汗，等待的人问）

A：你是怎么来的？ 怎么热成这个样子？

B：快到车站的时候出租车坏了，我是跑步来的，真担心赶不上火车。

❷（厨房，妈妈问爸爸）

A：儿子是怎么去商店的？ 还没回来吗？

B：他是骑自行车去的，应该很快就回来了。

☞交际练习

（这个部分既可以提供教师课堂使用，也可以提供给学习者作为交际练习使用）

1. 问答

（1）你今天是怎么来上课/上班的？

（2）你上星期是怎么去超市的？

（3）你上次坐火车是怎么去车站的？

2. 两人一组设计场景表演对话，互相询问对方昨天是如何到达下面这些地方的

（1）电影院。

（2）机场。

（3）商场。

3. 课外活动或作业

（1）采访几个朋友，问他们去年在自己国家是否旅行过，到各个地方都是怎么去的。

（2）采访几位年长者，问他们在早些年代是通过什么方式和家人、朋友保持联络的。

（3）采访几位爱旅行的朋友，问他们出行之前都是通过什么方式买机票、车票的。

四、强调目的

强调行为动作的目的时，可以考虑选用以下句型：

句型 2－1：……是……的

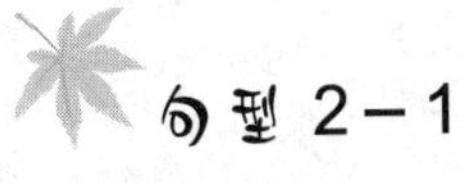

句型 2－1：

◈……是……的

“……是……的”具有强调作用，常用于已经发生的事情，该句型有四个语义功能，其中，语义功能 4 可以用于强调行为动作的目的、原因。“是”前是表示人、事物等的名词词语，“是”和“的”之间是“跟目的有关系的事情＋目的”，但强调的是目的。

The fourth semantic function of this pattern is to emphasize the purpose or reason of an action. Between “是” and “的” is “something related to the purpose + purpose”, with the emphasis on purpose or reason.

如：

A：请问您要住宿吗？
B：不，我是来找人的。

又如：

❶（长城上，两个游客谈话）
A：你是来北京旅游的吗？
B：不，我是来出差的，顺便来参观长城。

❷（获奖大会）
A：她是因为唱歌好而获奖的吗？
B：不，她是因为跳舞好而获奖的。

☞交际练习

（这个部分既可以提供教师课堂使用，也可以提供给学习者作为交际练习使用）

1. 问答

（1）你请过假吗？ 是因为什么请假的？
（2）你曾经获过奖吗？ 是因为什么获奖的？
（3）你给妈妈送过花吗？ 是为什么给她送花的？

2. **在下列地方两个熟人相遇，相互询问来此的目的？ 两人一组表演对话**

（1）邮局。

（2）银行。

（3）超市。

3. **课外活动或作业**

（1）采访几个最近出过远门的朋友，问他们是去干什么的。

（2）采访几个经常起得特别早的人，问他们早起是去干什么的。

（3）采访几个曾经参加过某些培训班的朋友，问他们是去学什么的。

五、强调事物数量或行为动作的次数极少，甚至没有

强调事物数量或行为动作的次数极少，甚至没有时，可以考虑选用以下句型：

句型 34：**一＋量词（……）也/都＋没/不……**

句型 36－2：**哪儿（什么/谁）也（都）不（没）……**

句型 34：

◈一＋量词（……）也/都＋没/不……

该句型可以用于强调某种行为动作完全不会发生或没有发生。“不”后常是表示行为动作的动词，“量词”后一般是名词词语，是接受、承受动作的对象。注意，该名词不要放在动词的后边。“一＋量词（……）”在这个句型里表示事物少。

This pattern is to emphasize that something will not or did not happen. After “不” is usually a verb and after “量词” is usually a noun which indicates the object of the verb. It should be noted that this noun cannot be put after the verb.

如：

A：大卫回来了？ 你买衣服了吗？

B：衣服都太贵了，质量也不太好，我一件衣服都没买。

又如：

❶（课堂上，老师问学生）

A：大卫，你可以读这段课文吗？

B：对不起，老师，我可以说一点汉语，但是我一个汉字也不认识。

❷（学生宿舍，两个学生在聊天）

A：上海是个好地方，我去过好几次了，你去过吗？

B：我也知道那是个好地方，但是我一次都没去过。

句型 36－2：

◈哪儿（什么/谁）也（都）不（没）……

该句型可以用于强调完全没有人从事某种行为动作，或者没有什么地方或东西涉及某种行为动作。“不（没）”的后面常是表示行为动作的动词。“哪、什么、谁”是动作的对象。“哪”表示任何地方，“谁”表示任何人，“什么”表示任何东西。动词后边没有别的名词。

This pattern is to emphasize the negation of an action expressed by the verb. The verb is put after “不（没）”, and “哪儿（什么/谁）” indicates the object of the action. “哪儿” means anywhere, “谁” means anyone and “什么” means anything.

如：

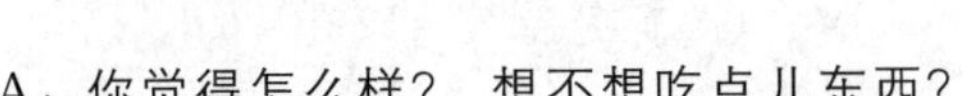

A：你觉得怎么样？ 想不想吃点儿东西？

B：我还是觉得不舒服，什么都不想吃。

又如：

❶（学生宿舍，突然停电了）

A：大卫，快找蜡烛和火柴。

B：我什么都看不见，怎么找？

❷（大卫和女朋友分手了，很伤心，同屋在安慰他）

A：别难过了，我们出去玩玩怎么样？

B：算了，我哪儿都不想去。

☞交际练习

（这个部分既可以提供教师课堂使用，也可以提供给学习者作为交际练习使用）

1. 问答

（1）你很累的时候别人叫你出去玩，你会说什么？

（2）别人问你一门你从来没学过的外语，你会怎么回答？

（3）你生病没胃口的时候朋友劝你吃饭，你会说什么？

2. 两人一组，根据场景表演对话

（1）在很吵闹的地方接听电话。

（2）在一片漆黑的地方找掉在地上的东西。

（3）两手空空走出商场，迎面碰到熟人。

3. **课外活动或作业**

（1）写出几个地名，问他人是否去过。汇报有多少人从来没去过其中的任何一个地方。

（2）采访一些人学习外语的情况，汇报有多少人从来没学过任何一种外语。

（3）采访一些人最近几次逛街购物的情况，汇报有多少人多少次逛街没有买任何东西。

六、强调一定要进行某种行为动作

强调一定要进行某种行为动作时，可以考虑选用以下句型：

句型 63：非……不可

句型 63：

非……不可

该句型可以用于强调一定要做某事或一定会出现某种情况。当“非……不可”的主语是“我”，它更强调主观的意愿，有“一定要”的意思；当“非……不可”的主语是“你”，它主要表达一种命令或者命令式的口气，有“必须”的意思；当“非……不可”的主语是“他/她”，则主要讲述一种可能性，有“一定会”的意思。

This pattern is double negative used to emphasize that someone will definitely do something or something will surely happen. When the subject of “非……不可” is the first person pronoun “我”, it emphasizes the speaker's determination to do something. When the subject is the second person “你”, it is usually an order requesting the listener to do something. When the subject is the third person “他/她”, it talks about a possibility indicating that someone is very likely to do something.

如：

A：这件事情妈妈知道吗？

B：她不知道，如果她知道了，非生气不可。

又如：

❶（家里，妻子和丈夫）

A：明天我没空儿，孩子的家长会你一个人去参加吧。

B：不行，明天要讨论学费问题，你非参加不可。

❷（运动场上，一个运动员受伤了，教练扶着他）

A：伤得怎么样？ 去医务室吧。

B：不行，我好不容易才有机会参赛，非坚持到最后不可。

☞交际练习

（这个部分既可以提供教师课堂使用，也可以提供给学习者作为交际练习使用）

1. 问答

（1）当你下定决心要去看某场演唱会时，可以说什么？

（2）当你下定决心要把某件事做好时，可以说什么？

（3）当你的老板要求你必须去参加某个重要会议时，他可能会怎么说？

2. 两人一组表演对话，在下列场景或困难面前如何表决心

（1）在一座很高的山面前准备爬山。

（2）在图书馆里复习准备考试。

（3）准备参加马拉松长跑比赛。

3. 课外活动或作业

（1）和几个同学交流自己的经历，每人讲述一件事，并表达自己当时一定要做这件事的决心。

（2）采访 5～10 个人，问他们周末一定要做什么事，报告结果。

（3）调查一下环境问题，谈一谈需要做的事和将来的结果。

七、强调某种状态完全不存在

强调某种状态完全不存在时，可以考虑选用以下句型：

句型 36－1：……一点儿也（都）不……

句型 36－1：

……一点儿也（都）不……

该句型可以用于强调某种状态完全不存在。这是一种强调句型，“一点儿”或“一点儿……”表示很少，程度很低。“不”后常是形容词或动词。如果“不”后用心理动词，而且动作的对象是“一点儿”前的词语所表示事物，要说“一点儿……也（都）不 verb”。

This is an emphatic pattern used to negate the adjective/verb. “一点儿” or “一点儿……” means a very small amount or degree. If the verb goes after “不” and the object of the verb goes after “一点儿”，then the pattern is “一点儿……也（都）不 verb”.

如：

A：工作了一天，很累吧？

B：没事，今天一点儿也不累。

又如：

❶（朋友见面，问候）

A：最近忙吗？

B：一点儿也不忙，我正在休假。

❷（看完电影，两个同学走出电影院）

A：今天的电影怎么样？

B：一点儿也不喜欢。

☞交际练习

（这个部分既可以提供教师课堂使用，也可以提供给学习者作为交际练习使用）

1. 问答

（1）当你精力旺盛的时候有人问你累不累，你会怎样回答？

（2）当你看了一场不满意的电影，有人问你怎么样时，你会怎样回答？

（3）你刚从一家新餐馆吃完饭回来，觉得不好，会怎样告诉朋友？

2. 两人一组，根据自己的经历讨论下列话题

（1）不好玩的地方。

（2）不好听的歌曲。

（3）没意思的晚会。

3. 课外活动或作业

（1）几个同学一起，每人描述一个自己曾经遇到但不喜欢的人，同学之间互相问为什么。

（2）几个同学一起，每人描述一个自己去过但不喜欢的地方，同学之间互相问为什么。

（3）几个同学一起，每人描述一个自己玩过但不喜欢的游戏，同学之间互相问为什么。

八、强调人、事、物某一方面的特点非常突出，超出常理应有的程度

强调人、事、物某方面的特点突出，超出常理应有的程度时，可以考虑选用以下句型：

句型 32：连……都（也）……

句型32：

◇连……都（也）……

可以用于强调人、事、物某一方面的特点非常突出，超出常理应有的程度。“都/也”的前面一般是名词词语，有时是动词词语或小句子，表示有很强特点的事物；“都/也”的后面一般是动词词语，如果否定，“不、没”放在“都/也”和这个动词词语中间。

This pattern is used to emphasize an extraordinary feature of someone or something. What goes before “都/也” is usually a N/NP, V/VP or a clause indicating someone or something with extraordinary features. What goes after “都/也” is usually a verb. The negative form of this pattern is “连……都（也）不/没……”.

如：

A：我是个球迷，这次世界杯的每一场比赛我都看了。

B：我也是，为了看世界杯，我连吃饭、睡觉的时间都用上了。

又如：

❶（医院里，大卫看望重病的奶奶）

A：你是谁呀？

B：奶奶，你真的连自己的孙子都不认识了吗？ 我是大卫呀。

❷（课堂上，学生问老师一个汉字）

A：老师，请问这个汉字怎么念？

B：我看看。 噢，这个汉字太难了，连老师也不认识。 我们查字典吧。

☞交际练习

（这个部分既可以提供教师课堂使用，也可以提供给学习者作为交际练习使用）

1. 问答

（1）怎样形容一个人累的程度?

（2）怎样形容一个人饿的程度?

（3）怎样形容一个问题容易的程度?

2. 两人一组，根据下列场景表演简单对话

（1）孩子回到家不洗手就拿东西吃，妈妈看到了。

（2）小张起晚了，没吃饭就去上课了，很快肚子就饿了，同桌问他怎么回事。

（3）两人开车在路上，堵车非常厉害，所有的车都动不了。

3. 课外活动或作业

（1）采访几个人，问他们最难过的时候是怎样一种状况，汇报。

（2）采访几个人，问他们工作最忙的时候是怎样一种状况，汇报。

（3）采访几个人，问他们日子过得最艰苦的时候是怎样一种状况，汇报。

变 化

Changing

表达变化时，可以考虑选用以下句型

句型 49－1：……**越来越**……

句型 49－2：**越**……**越**……

句型 60：**一天（年）比一天（年）**……

句型 49－1：

……越来越……

该句型可以用于说明程度的变化。“越来越”前一般是名词词语、动词词语，“越来越”后一般是形容词，如“热、冷、漂亮、聪明”等，这时，形容词前没有别的词语（如没有“很、非常”等）；有时也可以是表示心理的动词，如“喜欢、爱”等，这时，该心理动词后可以有名词，表示变化过程，说明现在的程度比以前的程度强。

This pattern is to describe the change of certain degree expressed by an adjective or verb. It means that the adjective or verb is getting to a higher degree than before. “越来越” can be followed by adjectives such as “热、冷、漂亮、聪明”, or psych verbs such as “喜欢、爱”. Please note that there is no adverbs like “很、非常” used between “越来越” and adjectives/verbs.

如：

A：今天真热！

B：是啊，夏天到了，天气越来越热了。

又如：

❶（两个人在商店买东西，一个人对另一个人说）

A：这家商店的东西越来越贵了。

B：是啊，来这里买东西的人也越来越少了。

❷（学生宿舍，一个人在听音乐，另一个人说）

A：你好像越来越喜欢听音乐了。

B：是啊，有了 MP4，听音乐越来越方便了。

句型 49－2：

◇越……越……

可以用于表示一种变化过程。第一个“越”后面一般是动词词语，第二个“越”后面常常是形容词或心理动词。表示随着第一个“越”后面的动词词语所表行为动作的进行，第二个“越”后面的形容词或心理动词的程度比以前更强。

This pattern is used to show a changing process. The first “越” is followed by a V/VP and the second “越” is followed by adjectives or psych verbs. It means that the degree expressed by the adjectives or psych verbs is getting higher as the action expressed by the V/VP goes on.

如：

A：你觉得汉语难不难？

B：难，不过越学越有趣。

又如：

❶（中餐馆，两个外国人在吃饺子）

A：看来，你越来越喜欢吃饺子了。

B：对，越吃越爱吃。

❷（母亲慈爱地看着远行归来的女儿收拾行李）

A：妈妈，您为什么一直看着我？

B：三年没见你了，越看越喜欢啊。

句型60：

◇一天（年）比一天（年）……

可以用于表示程度的变化。“一天（年）比一天（年）”后一般是形容词，表示随着时间变化，程度比以前强。注意：形容词前不能有副词词语。

This pattern is to describe the change of degree. It means that the adjective is getting to a higher degree as time goes. No adverbs are used before the adjective.

如：

A：今天真冷！

B：冬天来了，天气一天比一天冷了。

又如：

❶（老张推着孩子在小区里散步，邻居看见了，说）

A：孩子一天比一天大了，你也轻松一些了吧？

B：是啊，希望我的生活也一年比一年好。

❷（在医院，病人家属问医生）

A：他的情况怎么样？

B：不好，一天比一天糟糕。

☞交际练习

（这个部分既可以提供教师课堂使用，也可以提供给学习者作为交际练习使用）

1. 问答

（1）从下午到晚上，天色有什么变化？

（2）你的汉语水平比以前有什么变化？

（3）你们国家的人口这些年有什么变化？

2. 课堂活动

（1）两人一组，讨论一个小孩子每长一岁可能会有什么变化。

（2）两人一组，讨论一年四季的天气随着季节的更替有什么变化。

（3）两人一组，讨论各自的家庭在近些年来有哪些变化。

3. 课外活动或作业

（1）采访几位学汉语的朋友，问他们自从学汉语以来对中国文化和社会的认识发生了哪些变化。

（2）采访几位外国朋友，问他们自己的国家近些年来都有哪些方面的变化。

（3）采访几位有经验的汉语老师，问他们这些年来学习汉语的留学生状况有什么变化。

附录：句型与功能关系说明

句型 1：

……是……

☞句型 1－1：

……是……

语义功能 1：用于确认某个人。

例如：我是王小明。
　　　他是王老师。

语义功能 2：用来确认某人身份。

例如：我是老师。
　　　他是经理。

语义功能 3：用来确认某人来历。

例如：我是美国人。
　　　他是北京人。

语义功能 4：用来确认时间。

例如：今天是 12 月 25 号。
　　　明天是星期六。

语义功能 5：用来确认某个地点。

例如：这儿是图书馆。
　　　那儿是学生食堂。

语义功能 6：用来确认某种具体事物。

例如：这是英汉词典。

那是巧克力。

语义功能7：用来确认某件事。

例如：我们是要开会。

他们是想试一试。

语义功能8：用来解释某种事物的性质、特点、作用或者数量。

例如：太极拳是中国的一种传统功夫。

饺子是中国的一种传统食品。

☞句型 1－2：

……是……吗

语义功能1：用来猜测验证某个人。

例如：你是王小明吗？

你是王老师吗？

你不是张医生吗？

语义功能2：用来猜测验证某人身份。

例如：你是老师吗？

你是护士吗？

语义功能3：用来猜测验证某人来历。

例如：你是美国人吗？

你是北京大学的学生吗？

语义功能4：用来猜测验证时间。

例如：明天是星期天吗？

现在是6点吗？

语义功能5：用于猜测验证某个地点。

例如：图书馆是这儿吗？

灰色的楼是你们的办公楼吗？

一层是商店吗？

语义功能6：用来猜测验证某种具体事物。

例如：这是什么？

那是什么书？

前边是什么东西？

语义功能7：用来猜测验证某件事。

例如：你们是要开会吗？

你们是要出门吗？

☞句型1－3：

谁（哪位）是……

语义功能1：可用于寻找某人。

例如：谁是李力？

谁是张老师？

语义功能2：可以用于确认人群中不同的分工、角色。

例如：在你们班，谁是班长？

你们谁是导演、谁是演员？

谁是哥哥、谁是弟弟？

☞句型1－4：

……是……的……

句型1－4－1：

……是……的……

句型1－4－1－1：

……是……的……

语义功能：可以用于确认某人或某物所属。

例如：这是我的足球。

她是小王的女朋友。

这位是我们公司的总经理。

句型1－4－1－2：

……是……的……吗

语义功能：用于猜测某物所属。

例如：这是你的词典吗？

他是你的爸爸吗？

那是你们学校的校长吗？

句型 1－4－2：

……是谁的……

语义功能：可以用于询问物品所属。

例如：这是谁的足球？

这是谁的雨伞？

句型 1－5：

……也是……

句型 1－5－1：

……也是……

语义功能：说明某事物和其他事物有一样的特点。

例如：我的生日也是 12 号。

他是学生，我也是学生。

句型 1－5－2：

……也是……吗

语义功能：用于猜测某物是否和他物有一样的特点

例如：你也是老师吗？

你也是留学生吗？

句型 1－6：

……都是……

句型 1－6－1：

……都是……

语义功能：可以用于说明某事物和其他事物有一样的特点。

例如：我们都是美国学生。

我每天都是 8 点上课。

句型 1－6－2：

……都是……吗

语义功能：可以用于猜测某物和其他事物有一样的特点。

例如：你们都是美国学生吗？

你每天都是 8 点上课吗？

句型 2：

……是……的

☞句型 2－1：

……是……的

语义功能 1：强调时间。

例如：我是 8 点来的。

他们是 9 月 5 号到北京的。

语义功能 2：强调地方。

例如：我是从南方来的。

我是在商店买的。

他是从大门进来的。

语义功能 3：强调方式。

例如：我是坐飞机来的。

他是骑自行车去商店的。

语义功能 4：强调目的。

例如：我是来学汉语的。

王小明是去旅游的。

他们是来参观的。

☞句型 2－2：

……是……的吗

语义功能 1：用于猜测时间。

例如：你是 8 点来的吗？

飞机是 5 点起飞的吗？

你是去年毕业的吗？

语义功能 2：用于猜测地方。

例如：你是从美国来的吗？

这衣服是在超市买的吗？

语义功能 3：用于猜测方式。

例如：你是骑自行车来的吗？

你是坐飞机去的吗？

你是走路去商店的吗？

语义功能 4：用于猜测目的。

例如：你是来旅游的吗？

他是来找你的吗？

你是来学中文的吗？

☞句型 2－3：

不是……的

语义功能 1：否定时间。

例如：他不是今天早上来的。

电影不是 8 点开始的。

那孩子不是 5 月 1 日出生的。

语义功能 2：否定地方。

例如：他不是从上海来的。

我不是在北京出生的。

这水果不是从商店买的。

语义功能 3：否定方式。

例如：他不是坐飞机来的。

这字不是用毛笔写的。

他不是走路去商店的。

语义功能 4：否定目的。

例如：我不是来玩的。

他不是来参观的。

小李不是去开会的。

句型3：

……＋verb（……）

☞句型3－1：

……＋verb（……）

语义功能：用于叙述某人做某事。

例如：我喝牛奶。
　　　我不去长城，我去书店。
　　　我买水果和蔬菜。

☞句型3－2：

……＋verb（……）吗

语义功能：在句尾加疑问词“吗”表示疑问。

例如：你喝啤酒吗？
　　　你去吗？
　　　王小明来吗？

☞句型3－3：

……也＋verb（……）

语义功能：表示某人跟别人做一样的事。

例如：你们去图书馆吗？　我也去。
　　　你们明白，他也明白。
　　　你们知道这件事，我们也知道（这件事）。

☞句型3－4：

……都＋verb（……）

语义功能：表示很多人或者每个人做相同的事。

例如：你们都通过了考试。
　　　我们班的学生都来了。

☞句型 3－5：

……不/没＋verb（……）

语义功能：用于否定将要或曾经进行某种行为动作。

例如：我不喝啤酒。
我没看见小李。
我不去上海。

句型 4：

……（＋adv.）＋喜欢…………
……（＋adv.）＋想……

☞句型 4－1：

……（＋adv.）＋喜欢……

语义功能 1：某人喜欢某种东西。

例如：我喜欢汉语。
我很喜欢这件衣服。
我喜欢这种样子的车。

语义功能 2：某人喜欢做某事。

例如：小王喜欢唱歌。
小李喜欢跟别人开玩笑。
我喜欢吃妈妈做的饭。

☞句型 4－2：

……（＋adv.）＋想……

句型 4－2－1：

……＋（adv.）＋想……

语义功能 1：可以用于表示思念某人、某物或某事。

例如：我想爸爸妈妈了。
我很想女朋友。
我很想妈妈做的饺子。

语义功能 2：可以用于表示打算、希望做某事。

例如：我想回家。

我想吃妈妈做的饭。

我想看这个电影。

句型 4－2－2：

……想……

语义功能：表示考虑、思考。

例如：我在想这个问题。

我正在想办法。

我在想周末去哪儿玩。

句型 4－3：

……要……

语义功能 1：表示需要或要求得到。

例如：我要那个玩具。

我要一个鸡蛋炒西红柿。

我要冰激凌。

语义功能 2：表示意愿。

例如：我要买个面包。

我要申请一个有名的学校。

长大后我要找个好工作。

语义功能 3：表示打算。

例如：明天我要给他打电话。

下午他们要开会。

下个星期我要去旅行。

句型 5：

……＋adverbial phrases＋verb＋……

语义功能 1：用于描述行为动作发生的时间。

例如：我明天去上海。

飞机2点30分起飞。

天气预报8点开始。

语义功能2：用于表示动作发生的处所。

例如：我在北京学汉语。

他在酒吧喝酒。

我在商店门口等你。

语义功能3：用于表示动作的方式。

例如：我坐飞机去上海。

我打电话联系他。

语义功能4：用于表示动作使用的工具。

例如：中国人用筷子吃饭。

他用毛笔写汉字。

句型6：

……verb+……

句型6-1：

verb+时间名词

verb+数词+动量词

verb+数词+名量词

句型6-1-1：

verb+时间名词

语义功能：表示做一个动作、做一件事用了多少时间。

例如：我上了三个小时网。

我们谈话谈了两个小时。

他坐了一天火车。

句型6-1-2：

verb+数词+动量词

语义功能：表示动作的次数

例如：周末，我去了一趟书店。

这种药一天吃三次。

打了他一下儿。

句型 6－1－3

verb＋数词＋名量词

语义功能：用于表示行为动作所涉及的对象的数量。

例如：他喝了三瓶啤酒。

这里有两个书包。

我买了一件衣服。

句型 6－2：

……＋ verb＋表示结果的词语（complement）（＋……）＋（了）

语义功能 1：用于描述行为动作的结果。

例如：李明看懂那本书了。

他整理好房间了。

我打破了一个杯子。

语义功能 2：用于描述某人或某物承受了某种行为动作带来的后果，有被动的意思。

例如：书放在书柜里了。

衣服湿透了。

东西都已经搬走了。

句型 6－3：

……＋verb＋得（不）＋表示结果的词语

语义功能：表示能不能、可不可能做某事情。

例如：我找不到自行车了。

这本书你看得懂吗？

三个汉堡太多了，一个人吃不了。

句型 6－4：

……＋ verb＋得（＋不）＋（表示程度的词语）＋形容词

句型 6－4－1：

……＋ verb＋得（＋不）＋（表示程度的词语）＋形容词

语义功能 1：用于表示某种行为动作进行得怎么样，做得怎么样。

例如：她长得很高。

他打扫房间打扫得很干净。

你说汉语说得很清楚。

语义功能 2：表示某人、某事或某物被处置得怎么样，表示被动。

例如：大卫的作业写得很好。

桌子擦得很干净。

饭做得很好吃。

句型 6－4－2：

adj.（心理动词）＋表示程度的词语

语义功能 1：用于表示某人、事、物当前的性状，且该性状达到很高的程度。

例如：这个公寓大得很。

外面冷得很。

房子里脏得很。

语义功能 2：用于表示某人、事、物当前的性状达到极高的程度。

例如：好极了。

他今天高兴极了。

那个人讨厌极了。

句型 6－5：

verb（……）＋来（去）

句型 6－5－1：

verb（……）＋来

语义功能：用于表示行为动作的方向朝着说话人。

例如：老师进教室来了。

一只狗向我跑来。

没有人从里面出来。

句型 6－5－2：

verb（……）＋去

语义功能：用于表示行为动作朝着离开说话人的方向。

例如：那个人进商店去了。

他朝图书馆的方向走去。

我不要了，你拿去吧。

句型 6－6：

……＋verb＋上（……）来（去）

……＋verb＋下（……）来（去）

句型 6－6－1：

……＋verb＋上（……）来（去）

语义功能 1：用于表示向上的、朝着说话人的行为动作。

例如：他跑上来。——他跑上楼来。

他爬上来。——他爬上山来。

他跳上来。——他跳上台来。

语义功能 2：用于表示向上的、离开说话人的行为动作。

例如：气球飞上去了。——气球飞上（天）去了。

他走上去了。——他走上（楼）去了。

电梯升上去了。——电梯升上（楼顶）去了。

句型 6－6－2：

……＋verb＋下（……）来（去）

语义功能 1：用于表示向下的、朝着说话人的行为动作。

例如：水从山上流下来。

他从窗台上跳下来。

孩子从楼上跑下来。

语义功能 2：用于表示向下的、离开说话人的行为动作。

例如：你敢从这儿跳下去吗？

他从12层楼上掉下去了。

箱子都放下去了。

句型 6－7：

……＋verb＋进（……）来（去）

……＋verb＋出（……）来（去）

句型 6－7－1：

……＋verb＋进（……）来（去）

语义功能1：用于表示朝着一个地方的里边、朝着说话人方向的行为动作。

例如：小王刚才跑进办公室来说他中奖了。

他走进我的房间来。

把化验单拿进来。

语义功能2：用于表示朝着某个地方里边的、离开说话人方向的行为动作。

例如：他走进（房间）去了。

小偷跑进（厕所）去了。

把柜子搬进（家）去。

句型 6－7－2：

……＋verb＋出（……）来（去）

语义功能1：用于表示朝着一个地方的外边、朝着说话人方向的行为动作。

例如：明星从里面走出来了。

一只狗从草丛里跳出来。

有什么意见就说出来。

语义功能2：用于表示朝着某地方外边的、离开说话人方向的行为动作。

例如：你马上从这里滚出去。

把垃圾扔出去。

孩子刚刚跑出去了。

☞句型 6－8：

……＋verb＋回（……）来（去）

语义功能 1：用于表示从某地离开后再次返回某地的、朝着说话人方向的行为动作。

例如：把衣服带回来。

我买回来两个汉堡。

我是从办公室走回来的。

语义功能 2：用于表示从某地离开后又再次返回某地的、离开说话人方向的行为动作。

例如：把车开回去。

把病人送回去。

拿点儿酒回去喝。

☞句型 6－9：

……＋verb＋过（……）来（去）

语义功能 1：用于表示朝着说话人的行为动作。

例如：有个人从远处走过来。

把行李托运过来。

请帮我把资料寄过来。

语义功能 2：用于表示离开说话人方向的行为动作。

例如：游过河去。

把杯子拿过去。

从这边跳过去。

☞句型 6－10：

……＋verb＋起（……）来

语义功能 1：用于表示向上的动作。

例如：站起来——坐下去

拿起来——放下去

举起来——放下去

语义功能 2：表示动作开始。

例如：笑起来。

哭起来。

唱起歌来。

下起雨来。

语义功能3：表示估计、猜测等。

例如：这辆车看起来很贵。

这种酒喝起来很好。

看起来他今天不来了。

句型7：

……把……

☞句型7－1：

……把……＋verb……

语义功能1：用于表示某人、事、物通过某种行为动作把另一人、事、物怎么样了。

例如：大卫把生词记住了。

小王把我的电脑弄坏了。

服务员把空调打开了。

语义功能2：用于表示某人、事、物通过某种行为动作使某人、事、物到了某个新的地方。

例如：大卫把书放在桌子上。

你把鸡蛋打在这个碗里。

他把垃圾扔进垃圾桶。

语义功能3：用于表示某人、事、物通过某种动作使某人、事、物到了别人手中。

例如：大卫把作业交给老师。

我把最珍贵的礼物寄给你。

圣诞老人把各种糖果发给孩子们。

语义功能4：用于表示某人、事、物通过某种动作使某人、事、物发生变化。

例如：你把牛肉切成小块儿。

工人把石头刻成雕像。

他把小狗训练成算术高手。

语义功能5：用于表示时间短、随便的动作，可用来请别人、要求别人做一件事。

例如：大卫把课文读了读。

服务员，请把桌子擦擦。

师傅，把车停一下。

☞句型7－2：

……不/没＋把……

语义功能：某人、事、物没有对某人、事、物怎么样。

例如：我没把你的电脑弄坏。

爷爷去了幼儿园，但是没把孙女接来。

☞句型7－3：

……不/没＋能愿动词＋把……

语义功能：某人、事、物不应该或不能对某人、事、物怎么样。

例如：你不能把工作的事情和私人的事情混在一起。

我还没能把今天的功课做完。

你不能把孩子一个人留在家里。

句型8：

……有……

“有”前是人、地方等名词词语，“有”后是表示人或物的词语。

☞句型8－1：

……有……

语义功能：表示某人拥有某物或某处存在某人、物。

例如：你有词典吗？

我有词典。

你周末有时间吗？

我周末没有时间。

☞句型 8-2：

……有……(吗/吧)

语义功能：用于询问或猜测某人是否拥有某物或某处是否存在某人、某物。

例如：柜子里有人吗？
你有汽车吗？
教室里有学生吗？

☞句型 8-3：

……没有……

语义功能：用于表示某人或某处没有或不存在某人或某物。

例如：我没有汉英词典。
他没有自行车。
教室里没有学生。

句型 9：

几点（号、月）
几＋名量词（＋noun）
几＋动量词

☞句型 9-1：

几点（号、月）

语义功能：询问具体的时间，比如现在的时间，或者某件事发生的时间。

例如：现在（是）几点？
今天（是）几号？
今天（是）星期几？

☞句型 9-2

几＋名量词（＋noun）

语义功能1：询问人、事物的数量。

例如：教室里有几个学生？

你买了几本书？

你买了几个苹果？

语义功能2：用于询问时间长短。

例如：这个月有几天？

你来北京几个月了？

☞句型 9－3

几＋动量词

语义功能：询问动作、行为的次数。

例如：你读了几遍课文？

你来过几次长城？

你跑了几圈？

句型10：

（verb＋）多少＋名量词（＋noun）

（verb＋）多少（＋名量词）＋noun

（verb＋）多少＋动量词（＋noun）

☞句型 10－1

（verb＋）多少＋名量词（＋noun）

（verb＋）多少（＋名量词）＋noun

语义功能：问事物、时间的数量。

例如：你来北京多少天了？

教室里有多少人？

你买了多少个苹果？

☞句型 10－2

（verb＋）多少＋动量词（＋noun）

语义功能：问动作的次数。

例如：你去过多少趟？

她读多少遍?

他们听了多少次?

句型 11：

这是……

这有……

☞句型 11－1：

这是……

语义功能 1：可以用于说明事物的性质、特点、作用。

例如：这是新办公楼。

这是他的书。

这是我的电脑。

语义功能 2：可以用来说明某人是谁，可以是该人的姓名，也可以是该人的身份。

例如：这是王小明。

这位是老师。

☞句型 11－2：

这有……

语义功能：说明这个地方有某物、某人。

例如：这有一个空座位。

这有一家中国餐馆。

这有人。

句型 12：

……verb＋什么（……）

……verb＋什么……

☞句型 12－1：

……verb＋什么（……）

语义功能 1：询问行为动作的对象是什么。

例如：您喝点什么（酒）？

您打算买什么（衣服）？

今天晚上吃什么（饭）？

语义功能 2：可以用于询问在某个地方是否存在任何事物。

例如：箱子里面有什么（东西）？

这个公园里有什么？

☞句型 12－2：

……verb＋什么……

语义功能：询问动作、行为的对象是什么样的，有什么特点。

例如：您喝什么酒？

你买什么衣服？

他要买什么书？

句型 13：

谁＋verb（……）

语义功能 1：用于询问打算做、做过或能做某种工作或事情的人。

例如：谁去游泳？

谁去过北京？

谁会打篮球？

语义功能 2：可以用于询问具有某种特点的人。

例如：谁跑得最快？

谁唱得好听？

句型 14：

……verb＋谁（什么、哪儿）

语义功能：可以用于询问行为动作的对象。

例如：您找谁？

你住哪儿？

你要哪一个？

句型 15：

……给（给、送、送给……）……＋（数量词）……

语义功能：某人给别人东西。

例如：王小明给他一本书。

李力送给王小明一份生日礼物。

王小明送给玛丽一盒巧克力。

句型 16：

……在哪里（哪儿）

……verb＋哪里（哪儿）

……verb＋在哪里（哪儿）

哪里（哪儿）……

☞句型 16－1：

……在哪里（哪儿）

语义功能：用于询问人、事物在什么地方，或者问某个地点的位置。

例如：小张在哪里（哪儿）？

我的词典在哪里（哪儿）？

办公室在哪里（哪儿）？

☞句型 16－2：

……verb＋哪里（哪儿）

语义功能：用于询问行为、动作的目的地。

例如：你去哪儿（哪里）？

我们去哪儿（哪里）？

他到哪儿（哪里）？

☞句型 16－3：

……verb＋在哪里（哪儿）

语义功能：用于询问行为、动作的目的地或行为、动作发生的地方。

例如：杯子放在哪里（哪儿）？

照片摆在哪里（哪儿）？

我们坐在哪儿？

☞句型 16－4：

哪里（哪儿）……

语义功能：用于询问、寻找具有某种特征的地方。

例如：哪里（哪儿）有这种书？

哪里（哪儿）卖北京烤鸭？

哪里（哪儿）最好玩？

句型 17：

……从哪里（哪儿）来

……到哪里（哪儿）去

语义功能：询问人或事物的来源或去向。

例如：你从哪里（哪儿）来？

王小明从哪里（哪儿）来？

你到哪里（哪儿）去？

句型 18：

……＋（adv.）＋adj. /心理动词

语义功能：用于描写事物当前性状，说明某个事物有什么特点。

例如：北京很大。

这儿的夏天非常热。

那地方相当远。

我也累了。

他们都很辛苦。

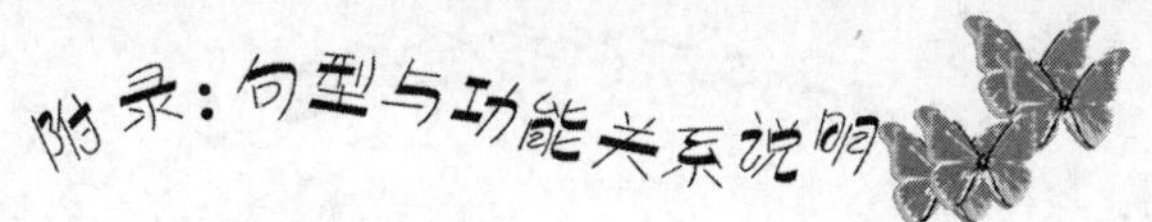

句型 19：

……和……（一起）＋verb（……）

语义功能 1：说明双方共同进行的行为动作。

例如：我要和女朋友去逛街。
　　　我和李力一起去长城。
　　　你和小李一起去。

语义功能 2：说明两个事物之间发生某事。

例如：我和他见面。
　　　他和李力吵架。

句型 20：

……多＋大（高、远……）

“多”后面一般是“大”“高、”“远”“长”“重”等一类形容词。

语义功能：询问事物的体积、长度、面积、高度、距离、年龄等。

例如：这个运动员多高？
　　　这根绳子多长？
　　　这个房间多大？

句型 21：

……多少……

语义功能：用于询问数量。

例如：这件衣服多少钱？
　　　你的公司有多少人？

句型 22：

……＋verb 不/没 verb（……）

adj. 不 adj.

……是不是……

☞句型 22－1：

……＋verb 不/没 verb（……）

语义功能 1：用于询问是否进行或将要进行某种行为动作。

例如：你去不去？
　　　你买不买书？
　　　你去不去邮局？

语义功能 2：用于询问是否已经进行了某种行为动作。

例如：你有没有去过上海？
　　　你吃没吃过北京烤鸭？
　　　你想没想过毕业以后在北京找个工作？

☞句型 22－2：

adj. 不 adj.

语义功能：用于询问人、事、物的性质、特点、状态。

例如：北京的夏天热不热？
　　　跑步以后累不累？
　　　这部电影好看不好看？

☞句型 22－3：

……是不是……

语义功能 1：确认自己的猜测是否正确。

例如：你是不是喜欢看电影？
　　　小妹妹是不是很可爱？
　　　那条鱼是不是死了？

语义功能 2：用于建议对方做某事。

例如：电话里说不清楚，你看，你是不是过来一趟？
　　　这几句话写得不太好，你是不是修改修改？
　　　大家都要睡觉了，你是不是把电视声音关小点儿？

句型 23：

NP_1……，NP_2 呢

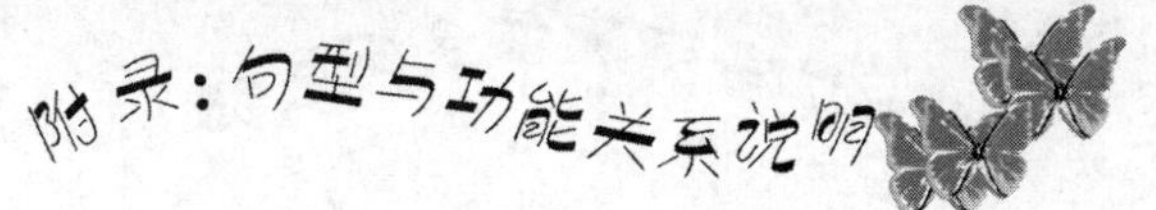

语义功能：就同一件事，问对方情况。

例如：纽约现在天气很热，北京呢？
我很累，你呢？
这个周末，我打算去郊游，你们呢？

句型24：

……verb＋了……，还＋verb＋了……

语义功能：用于表示某人同时或先后进行了两次一样的动作，每次的动作对象不一样；也可以表示在一个行为动作之外还进行了另一个行为动作。

例如：我今天买了衣服，还买了水果。
我买了三本书，还买了一件衣服。
他今天上午写了很多生词，还练习了语法。

句型25：

……呢

语义功能：用于询问某人或某物存在的地点。

例如：小李呢？ ——他在图书馆。
我的帽子呢？ ——在衣架上。

句型26：

……哪年（个月、个星期、天）

语义功能：用于表示在一定范围内对时间的选择，询问具体的年、月、日或星期。

例如：这座桥是哪年建造的？
你的生日在哪个月？
您要哪天的机票？

句型 27：

……吧

语义功能 1：表示商量。

例如：我们走路去你家吧？

太贵了，便宜点儿吧？

我们去吃火锅吧？

语义功能 2：表示内心的矛盾，有假设或考虑义。

例如：和自己国家的人同屋吧，不能练习汉语；和别的国家的人同屋吧，不能很好地聊天。

语义功能 3：表示命令或同意。

例如：你去吧，他需要你帮忙。

快点儿吧，没时间了。

你来吧，我等你。

语义功能 4：表示猜测。

例如：你是王小明吧？

你是经理吧？

你的班有十几个人吧？

这房子是新的吧？

句型 28：

……怎么样

语义功能 1：问一个人或一件事的情况。

例如：最近，妈妈的身体怎么样？

我这次考试怎么样？

现在，北京的天气怎么样？

语义功能 2：用于提出自己的观点后询问别人的意见、看法。

例如：周末我们一起去野餐怎么样？

再来两瓶啤酒怎么样？

我穿这件衣服去参加舞会怎么样？

语义功能3：用于询问他人的感觉。

例如：你怎么样？

你今天怎么样？

你觉得怎么样？

句型29：

……怎么（……）了

语义功能：用于在发现某人或某事有异常变化时，询问产生变化的原因。

例如：你怎么了？

你的自行车怎么了？

小李怎么哭了？

句型30：

（……）怎么……

语义功能1：用于询问完成某一行为、动作的方式、方法。

例如：怎么去机场？

怎么提高汉语水平？

去图书馆怎么走？

语义功能2：用于在发现某事出现异常情况以后，询问该异常情况发生的原因。

例如：天气怎么这么热？

你怎么买这么多东西？

这么漂亮的房子怎么没有厕所？

句型31：

……为什么……

为什么……

……，为什么

语义功能：用于询问产生某种现状的原因。

例如：你为什么来晚了？

为什么你这几天总是迟到？

电影马上开始了，他还没来，为什么？

句型 32：

连……都（也）……

语义功能 1：用于强调人、事、物某一方面的特点非常突出，超出常理应有的程度。

例如：这个问题太难，连大卫这么聪明的人都不会。

他连自己的孙子也不认识了。

为了看世界杯，我连吃饭睡觉的时间都用上了。

句型 33：

……还是……

语义功能 1：用于在给对方提供选择对象后征求对方的意见。

例如：你吃饺子还是吃包子？

今晚看京剧还是看电影？

我们先去买衣服还是先去买饮料？

语义功能 2：用于表示经过考虑或比较以后做出选择。

例如：我还是去颐和园，长城太远了。

这事儿太复杂了，你还是亲自来一趟更好。

还是父母亲更心疼孩子。

语义功能 3：表示没有改变。

例如：这个地方还是很脏。

十年过去了，你还是那么漂亮。

已经到秋天了，可是天气还是很闷热。

句型 34：

一＋量词（……）也/都＋没/不……

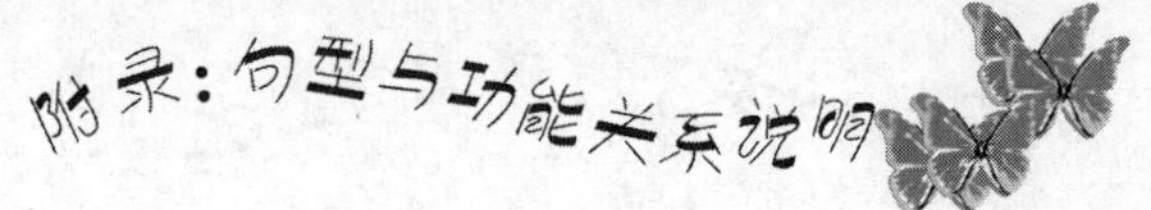

语义功能：用于强调某种动作行为完全不会发生或没有发生。

例如：一口水也没喝。

一句话也不说。

一次都没去过。

句型35：

verb＋（一）点儿（＋……）

有（一）点儿＋adj.

☞句型 35－1

verb＋（一）点儿（＋……）

语义功能1：表示行为动作所涉及对象的数量少。

例如：快来喝（一）点儿水。

吃（一）点儿消炎药就会好的。

我想买（一）点儿水果。

☞句型 35－2

有（一）点儿＋adj.

语义功能：用于表示事物具有某种性状，但该性状程度较低。

例如：这件衣服有一点儿小。

今天有点热。

我有点儿不舒服。

句型36：

……一点儿也（都）不……

……哪儿（什么/谁）也（都）不（没）……

☞句型 36－1：

……一点儿也（都）不……

语义功能：用于强调某种状态完全不存在。

例如：一点儿都不知道。

一点儿也不累。

一点儿都不漂亮。

一点儿也不好看。

☞句型 36－2：

哪儿（什么/谁）也（都）不（没）……

语义功能：用于强调完全没有人从事某种行为动作；没有什么地方或东西涉及某种行为动作。

例如：哪儿都没去。

谁都没注意。

什么也不想说。

句型 37：

……给……＋verb（……）

语义功能 1：引进行为、动作的受益者、接受者。

例如：朋友给我打电话。

我给孩子买玩具。

我给他送去一本书。

语义功能 2：表被动，引进动作、行为的发出者。

例如：那只小狗给几个孩子逮住了。

妈妈快要给你气死了。

衣服都给雨淋湿了。

句型 38：

……为……＋verb……

语义功能 1：表示行为动作的目的、原因。

例如：他为工作学中文。

朋友为学好中文去中国。

你不要为打翻的牛奶哭泣。

语义功能 2：用于引进动作、行为的受益者，叙述一方所做的有益于另一方的行为动作。

例如：我为他打扫房间。

她为丈夫洗衣服、做饭。

句型 39：

verb ＋着

语义功能 1：表示在某个时间正在发生的事情。

例如：他正和朋友商量着怎么安排周末，电话突然响了。

我们正上着课，一个陌生人突然冲进教室。

不要吵，学生们正上着课呢。

语义功能 2：某人或某物当时当地的状态。

例如：他戴着一副眼镜。

大卫手捧着课本发呆。

外面正下着雨。

语义功能 3：某处有某物。

例如：桌子上放着一个花瓶。

包里装着几件换洗的衣服。

句型 40：

……不是……，是……

……是……，不是……

语义功能：表示反对并更正。

例如：打电话的不是小王，是小李。

我是想买桃子，不是想买稻子。

我是让你站在窗边，不是床边。

句型 41：

……曾经＋verb＋过（……）

……曾（经）＋adj.＋过

☞句型 41－1：

……曾（经）＋verb＋过（……）

句型 41－1－1：

……曾（经）＋verb＋过（……）

语义功能：用于表示过去、已经结束的动作、行为。

例如：我曾经去过故宫。
　　　我曾经吃过一次烤鸭。
　　　我曾经见过他。

句型 41－1－2：

……（＋曾经）＋verb＋过（……）吗

语义功能：用于询问某种行为动作是否已经过去或结束。

例如：你曾经去过长城吗？
　　　你曾经学过包饺子吗？

句型 41－1－3：

……没（有）/不曾＋verb＋过（……）

语义功能：用于表示在过去的时间里没有进行过某种行为动作。

例如：我没有去过故宫。
　　　我没有吃过北京烤鸭。
　　　我不曾去过上海。

☞句型 41－2：

曾经＋adj.＋过

语义功能 1：某人或某物以前出现过的状态。

例如：这里曾经热闹过一段时间，不过现在很冷清。
　　　别看她现在普普通通，她也曾经漂亮过。

句型 42：

已经＋verb……了

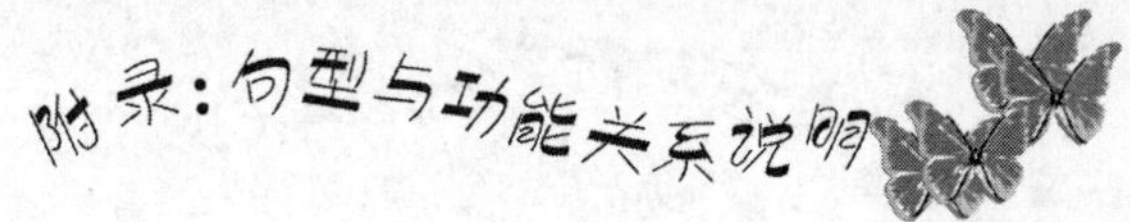

……了（……）

☞句型 42－1：

已经＋verb……了

语义功能 1：用于叙述已经完成的行为动作。

例如：我们已经下课了。
　　　他们已经吃完饭了。

语义功能 2：用于叙述已经开始的行为动作。

例如：他们已经出发了。
　　　会议已经开始了。

☞句型 42－2：

……了（……）

语义功能：表示某种行为动作已经完成或开始。

例如：他回来了。
　　　我们昨天开会了。
　　　春天来了！
　　　上课了！

句型 43：

已经……了，（……）
都……了，（……）

☞句型 43－1：

已经……了，（……）

语义功能：用于表示到某个时间了或者达到多长时间了。

例如：已经 12 点了，该睡觉了。
　　　已经半年了。
　　　已经 21 世纪了。

☞句型 43－2：

都……了，（……）

语义功能：可以用于表示到某个时间了或达到一定时间了，但是该做的事情还没有做，常常含有不满的意思。

例如：都七年了。

都8点了，快起床。

都21世纪了。

句型44：

太＋adj.＋了

语义功能1：表示积极的评价、程度高。

例如：太好了。

太有意思了。

太漂亮了。

语义功能2：表示消极的评价，表示程度过分高，以至于不能做某事。

例如：太晚了。

太慢了。

太贵了。

句型45：

……就要……了

语义功能：表示某事很快就会发生或出现。

例如：飞机就要起飞了。

我们就要考试了。

就要下雨了。

句型46：

……请……＋verb（……）

……让……＋verb（……）

……叫……（＋verb）……

……约……＋verb（……）

☞句型 46－1：

……请……＋verb（……）

语义功能 1：表示请客。

例如：小王请我喝咖啡。

我请你喝茶。

昨天晚上他请我们吃饭。

语义功能 2：用于叙述一方致使另一方进行的行为动作，表示请某人做某事。

例如：我们请李先生来学校演讲。

老张请我帮他修电脑。

☞句型 46－2：

……让……＋verb（……）

语义功能：用于叙述一方致使另一方进行的行为动作，表示要求某人做某事。

例如：妈妈让我早点儿回家。

老师让我们提前十分钟进考场。

王经理让秘书给李老板打电话。

☞句型 46－3：

……叫……（＋verb）……

语义功能 1：用于叙述一方致使另一方进行的行为动作，表示要求某人做某事。

例如：快叫你爸爸来帮忙。

我叫你早点儿起床，你看，今天又晚了。

老师叫我通知你。

语义功能 2：表示把某人或某事称做……，或怎么说人或事物的名字。

例如：我们都叫他张先生。

我们叫它大黄。

大家都叫它鬼屋。

☞句型 46－4：

……约……＋verb（……）

语义功能：表示跟某人约定做某事。

例如：我约她下午来喝茶。

张老师约我去他的办公室谈谈。

有人约小李晚上 8 点在公园见面。

句型 47：

……正在（正、在）＋verb （……呢）

语义功能：表示正在做某事。

例如：大卫正在上网。

大卫正上网，听见有人敲门了。

大卫在吃饭呢。

句型 48：

……像……一样（……）

☞句型 48－1：

……像……一样（……）

语义功能 1：说明两个事物有一样的特点。

例如：她像明星一样漂亮。

我们的宿舍像高级宾馆一样舒服。

他的笑容像阳光一样灿烂。

语义功能 2：说明某物和他物都有相同的特点，但说话的双方都明白、知道这特点是什么，因此“一样”后面的内容可以不出现，不说出来，共有的特点暗含在上下文里。

例如：那姑娘像电影明星一样。

他总是像乌龟一样。

他的笑容像阳光一样。

孩子的笑脸像花儿一样。

☞句型 48－2：

……像……一样（……）吗

语义功能：猜测两个事物是否有一样的特点。

例如：孩子像妈妈一样漂亮吗？

您的狗像我这只一样大吗？

这家旅馆像那家一样脏吗？

句型 49：

……越来越……

越……越……

☞句型 49－1：

……越来越……

语义功能：说明程度的变化。

例如：天气越来越热。

人越来越少。

越来越喜欢听音乐。

☞句型 49－2：

越……越……

语义功能：表示一种变化过程。

例如：越学越有趣。

越吃越爱吃。

越看越喜欢。

句型 50：

……verb＋一＋verb（……）

……verb＋verb（……）

verb＋一下（……）

语义功能：分别表示尝试、随便、时间较短的动作行为。

例如：我们试一试。

我看看。

您背着的这个包也要检查一下。

句型 51：

……adj. ＋adj. ＋的……

语义功能：用于描写说话者比较喜欢的某人、事、物，说明该人、事、物具有某种性状，且该性状达到较高的程度。

例如：他个子高高的、眼睛大大的。

房间干干净净、整整齐齐的。

孩子的脸通红通红的。

句型 52

……，只是……

语义功能 1：在积极的评价之后指出不足。

例如：这件衣服很漂亮，只是太贵了。

那个公园很好玩，只是太远了。

菜的味道很好，只是太油腻了。

语义功能 2：在消极的评价之后指出优点。

例如：这家饭馆的饭菜很贵，味道也不太好，只是比较安静。

这家商店的东西质量很一般，只是比较便宜。

句型 53：

……建议……

……希望……

……（不）同意……

☞句型 53－1：

……建议……

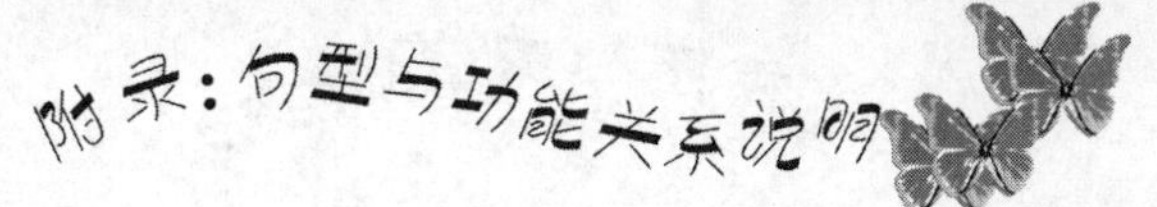

语义功能：提出建议。

例如：我建议大家抓紧时间。
老师建议我们多预习。
王小明建议周末看电影。

☞句型 53－2：

……希望……

语义功能：用于表示希望做什么、怎样做、有什么结果或希望某人做什么等。

例如：我希望马上放假。
李力希望找一份新工作。
希望你早点儿回家。

☞句型 53－3：

……（不）同意……

语义功能：用于表示是否同意某事，表示对事情、计划、安排等的意见。

例如：我同意你的看法。
经理同意我们的计划。
我同意。

句型 54：

……跟/和……见面/约会
……见面/约会

语义功能：说明两个人或几个人约会、见面。

例如：明天我和经理见面。
我们很少见面。
他们俩常常在酒吧约会。

句型 55：

……verb＋什么好

……怎么＋verb（……）＋好

谁（什么人）＋verb（……）＋好

☞句型 55－1：

……verb＋什么好

语义功能：询问做什么合适。

例如：我和他第一次见面，说什么好?

今天晚饭吃什么好?

☞句型 55－2：

……怎么＋verb（……）＋好

语义功能：询问怎么做合适。

例如：怎么说好?

我们怎么去好?

☞句型 55－3：

谁（什么人）＋verb（……）＋好

语义功能：询问谁、什么人适合做某事。

例如：谁去好?

什么人去送礼物好?

句型 56：

……跟/和……一样（……）

☞句型 56－1：

……跟/和……一样(……)

语义功能1：可以用于比较某物和他物是否具有相同之处。“跟/和”前后都是名词词语。

例如：我的衣服和她的一样。

这里和北京一样。

我的车和你的车不一样。

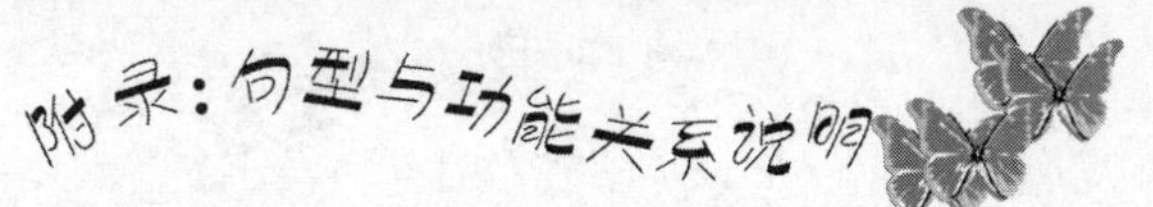

语义功能2：用于比较某事物和他事物是否具有某种相同之处。"跟/和"前后都是名词词语、动词词语或小句子，"一样"的后面可以是形容词，也可以是心理动词、动词词语或小句子。

例如：北京和上海一样有很多汽车。

我跟他一样不喜欢跑步。

那件衣服跟这件衣服一样贵。

☞句型56－2：

……跟/和……一样(……)吗

语义功能1：用于猜测某物和他物是否具有相同特点，但说话双方都明白、知道这特点是什么，因此"一样"后面的内容可以不出现或不说出来。共有特点暗含在上下文里。

例如：那件衣服跟这件衣服一样吗？

你的车跟我的车一样吗？

日本语和韩国语语法一样吗？

语义功能2：用于猜测某事物和他事物是否有某种相同之处。

例如：那件衣服跟这件衣服一样贵吗？

你的车跟我的车一样大吗？

你先生和你一样喜欢逛商店吗？

句型57：

……跟/和……差不多（……）

☞句型57－1：

……跟/和……差不多（……）

语义功能1：用于比较某事物和他事物是否具有相同之处。

例如：我的汉语水平和他的差不多。

小张的个子跟你差不多。

那件衣服跟这件衣服差不多。

语义功能2：用于比较某事物和他事物是否具有某种相同之处。

例如：我和他差不多高。

去颐和园和去故宫差不多远。

这本书跟那本书差不多厚。

☞句型 57－2：

……跟/和……差不多（……）吗

语义功能 1：用于猜测某物和他物是否有相同之处。

例如：那个房间和这个房间差不多吗？

他的个子跟我差不多吗？

小李的工作和我的工作差不多吗？

语义功能 2：用于猜测某事物和他事物是否具有某种相同之处。

例如：你的个子跟我差不多高吗？

这件衣服跟那件衣服差不多大吗？

这本书跟那本书差不多厚吗？

句型 58：

……比……（＋更/还）……

（……adj. /verb……），……比……＋（更/还）＋adj. /verb

（……）和/跟……比，……（更）＋adj. /verb

☞句型 58－1：

……比……（＋更/还）……

语义功能：比较两个事物。

例如：我比他矮。

今天比昨天（还）热。

这个菜比那个（更）好吃。

☞句型 58－2：

（……＋adj. /verb），……比……＋（更/还）＋adj. /verb

语义功能：比较两个有同样特点的事物，指出哪个特点更突出。

例如：你很高兴，我比你还高兴。

故宫比较远，长城比故宫还远。

玛丽的汉语水平高，大卫的汉语水平比玛丽的还高。

☞句型 58－3：

（……）和/跟……比，……（更）＋adj. /verb

语义功能：比较两种事物，说明其中一个的特点更突出。

例如：和昨天比，今天更冷。

跟苹果比，香蕉更贵。

跟你比，小李更出色。

句型 59：

……没有……（那么/这么）……

……不如……（那么/这么）……

……不比……＋adj. /verb……

☞句型 59－1：

……没有……（那么/这么）……

语义功能：比较说明在某方面“没有”后的事物特点更突出。

例如：今天没有昨天那么热。

我没有你那么累。

他没有你那么喜欢游泳。

☞句型 59－2：

……不如……（那么/这么）……

语义功能：比较说明在某方面“不如”后的事物特点更突出。

例如：他不如弟弟聪明。

那种药不如这种药效果好、见效快。

这个房间不如那个房间宽敞。

☞句型 59－3：

……不比……＋adj. /verb……

语义功能：可以用于比较，说明在 adj. /verb 所表示的方面两个事物差不多，或者表示“不比”前的事物可能比“不比”后的事物程度更低。

例如：他不比你高。

这儿的东西不比那儿贵。

走路有时不比开车慢。

句型 60：

一天（年）比一天（年）……

语义功能：表示程度的变化。

例如：一天比一天冷。

一年比一年好。

情况一天比一天糟糕。

句型 61：

……对……感（有）兴趣

☞句型 61－1：

……对……感（有）兴趣

语义功能：用于表示某人对某物或某事的喜好情况。

例如：小李对武术有兴趣。

小李对武术没有兴趣。

她们总是对有关明星的新闻有浓厚的兴趣。

☞句型 61－2：

……对……感（有）兴趣吗

语义功能：用于猜测某人对某物的喜好情况。

例如：你对旅行有兴趣吗？

你对唱歌有兴趣吗？

你对数学和语言课有兴趣吗？

☞句型 61－3：

……对……感不感（有没有）兴趣

语义功能：用于询问或表示某人对某物或某事的喜好情况。

例如：你对旅行有兴趣吗？

你对唱歌有兴趣吗？

你对数学和语言课有兴趣吗？

句型 62：

……对……的印象……

……给……的印象……

……给……留下……的印象

……给……一种……的印象

☞句型 62－1：

……对……的印象……

……给……的印象……

……给……留下……的印象

……给……一种……的印象

语义功能：用于表示某人对某物、某地或某人的感受。

例如：小李对北京的印象很好。

北京给小李的印象很好。

北京给小李留下了很好的印象。

☞句型 62－2：

……对……的印象怎么样

……给……的印象怎么样

……给……留下（一种）什么样的印象

语义功能：用于询问某人对某物、某地或某人的感受。

例如：你对北京的印象怎么样？

北京给你的印象怎么样？

北京给你留下什么样的印象？

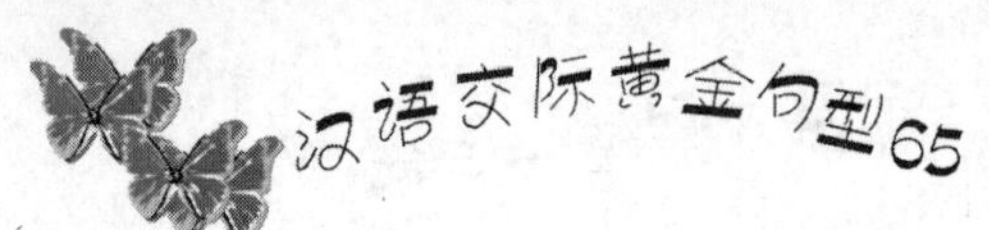

☞句型 62－3：

……对……的印象……吗

……给……的印象……吗

语义功能：用于猜测某人对某物、某地或某人的感受。

例如：你对北京的印象好吗？

北京给你的印象深刻吗？

他给你的印象好吗？

句型 63：

非……不可

语义功能：强调一定要做某事或一定会出现某种情况。

例如：我非看不可。

你非参加不可。

他非生气不可。

句型 64：

一边……一边……

语义功能：表示同时做两件事情。

例如：他一边看电视一边吃东西。

小李一边走路一边听音乐。

那孩子一边做作业一边打电话。

句型 65

……使……

语义功能：表示一方致使另一方进行的行为动作。

例如：这次获奖使我对自己更有信心了。

小张出事了，一场车祸使他失去了左腿。

这场大雪使很多航班都延误了。